現代天文學之父

哥白尼

趙夢蘭　著

三民書局

獻給孩子們的禮物

主編的話

世界上最幸福的孩子，是他們一出生就有機會接近故事書，想想看，那些書中的人物，不論古今中外都來到了眼前，與他們相識，不僅分享了各個人物生活中的點滴，孩子們的想像力也隨著書中的故事情節飛翔。

不論世界如何演變，科技如何發達，孩子一世幸福的起源，仍然來自於父母的影響，如果每一個孩子都能從小在父母親的懷抱中，傾聽故事，共享閱讀之樂，長大後養成了閱讀習慣，這將是一生中享用不盡的財富。

三民書局的劉振強董事長，想必也是一位深信讀書是人生最大財富的人，在讀書人口往下滑落的多元化時代，他仍然堅信讀書的重要，近年來，更不計成本，連續出版了特別為孩子們策劃的兒童文學叢書，從「文學家」、「藝術家」、「音樂家」、「影響世界的人」系列到「童話小天地」、「第一次」系列，至今已出版了近百本，這僅是由筆者主編出版的部分叢書而已，若包括其他兒童詩集及套書，三民書局已出版不下千百種的兒童讀物。

劉董事長也時常感念著，在他困苦貧窮的青少年時期，是書使他堅強向上，在社會普遍困苦，而生活簡陋的年代，也是書成了他最好

的良伴，他希望在他的有生之年，分享這份資產，讓下一代可以充分使用，讓親子共讀的親情，源遠流長。

「世紀人物100」系列早就在他的關切中構思著，希望能出版孩子們喜歡而且一生難忘的好書。近年來筆者放下一切寫作，接下這份主編重任，並結合海內外有心兒童文學的作者共同為下一代效力，正是感動於劉董事長致力文化大業的真誠之心，更欣喜許多志同道合的朋友，能與我一起為孩子們寫書。

「世紀人物100」系列規劃出版一百位人物故事，中外各占五十人，包括了在歷史上有關文學、藝術、人文、政治與科學等各行各業有貢獻的人物故事，邀請國內外兒童文學領域專業的學者、作家同心協力編寫，費時多年，分梯次出版。在越來越多元化的世界中，每個人都有各自的才華與潛力，每個朝代也都有其可歌可泣的故事，但是在故事背後所具有的一個共同點，就是每個傳主在困苦中不屈不撓，令人難忘的經歷，這些經歷經由各作者用心博覽有關資料，再三推敲求證，再以文學之筆，寫出了有趣而感人的故事。

西諺有云：「世界因有各式各樣不同的人群，才更加多采多姿。」這套書就是以「人」的故事為主旨，不刻意美化傳主，以每一位傳主的生活經歷為主軸，深入描寫他們成長的環境、家庭教育與童年生活，深入探索是什麼因素造成了他們與眾不同？是什麼力量驅動

了他們鍥而不捨的毅力？以日常生活中的小故事，來描繪出這些人物，為什麼能使夢想成真。為了引起小讀者的興趣，特別著重在各傳主的童年生活描述，希望能引起共鳴。尤其在閱讀這些作品時，能於心領神會中得到靈感。

和一般從外文翻譯出來的偉人傳記所不同的是，此套書的特色是，由熟悉兒童文學又關心教育的作者用心收集資料，用有趣的故事，融入知識，並以文學之筆，深入淺出寫出適合小朋友與大朋友閱讀的人物傳記。在探討每位人物的內在心理因素之餘，也希望讀者從閱讀中，能激勵出個人內在的潛力和夢想。我相信每個孩子在年少時都會發呆做夢，在他們發呆和做夢的同時，書是他們最私密的好友，在閱讀中，沒有批判和譏諷，卻可隨書中的主人翁，海闊天空一起遨遊，或狂想或計畫，而成為心靈知交，不僅留下年少時，從閱讀中得到的神交良伴（一個回憶），如果能兩代共讀，讀後一起討論，綿綿相傳，留下共同回憶，何嘗不是一幅幸福的親子圖？

2006 年，我們升格成為祖字輩，有一位朋友提了滿滿兩袋的童書相送，一袋給新科父母，一袋給我們。老友是美國國家科學院院士，曾擔任過全美閱讀評估諮議委員，也是一位慈愛的好爺爺，深信閱讀對人生的重要。他很感性的說：「不要以為娃娃聽不懂故事，

我的孫兒們一出生就聽我們唸故事書，長大後不僅愛讀書而且想像力豐富，尤其是文字表達能力特別強。」我完全同意，並欣然接受那兩袋最珍貴的禮物。

因為我們同樣都是愛讀書、也深得讀書之樂的人。

謹以此套「世紀人物100」叢書送給所有愛讀書的孩子和家庭，以及我們的孫兒——石開文，他們都是世界上最幸福的孩子，因為從小有書為伴，與愛同行。

作者的話

　　在邁入 21 世紀的今天，由於天文學的蓬勃發展與普及，幾乎每位小朋友都知道「太陽是太陽系的中心」、「八大行星（水星、金星、地球、火星、木星、土星、天王星、海王星）環繞太陽運轉」；也都知道「地球除繞太陽公轉外，還會每二十四小時自轉一周」。

　　但是，有多少小朋友知道，這種以太陽為中心，所謂「日心說」的觀念，以及「一天有二十四小時、一年分春夏秋冬四季、一年有三百六十五天」的計算方式，是怎麼演變而來的？又有多少小朋友知道，遠在五、六百年前，甚至兩千年前的人類，是如何看待地球與其他星球，以及地球與宇宙間的關係？

　　根據歷史的記載，兩千多年前歐洲人所採信的，是希臘大哲學家亞里斯多德主張的「地心說」，也就是認為「地球是宇宙的中心」。2 世紀時，希臘大天文學家托勒密將「地心說」理論精華，以及歷年來天文學家觀測的結果，整理彙集成《天文學大全》一書，進一步詮釋了「地心說」的理論，也使「地球為宇宙中心」的觀念更深植人心。

　　到了中古世紀　（歐洲史上約從 5 世紀末到 15 世紀中葉的時期），歐洲教會勢力抬頭，基督教會統治整個中古歐洲，亞里斯多德與托勒密「地球為宇宙中心」的學說，與教會「宇宙是上帝所創、大自然一切都得聽命於祂」、「上帝創造人類，特意把他們安置在宇

宙中心的地球上」的教義不謀而合，因而被教會採用，並發展成基督教的宇宙觀。「地心說」也因基督教勢力的延續，整整支配了天文學界長達一千多年之久。

在這一千多年間，由於觀星技術與儀器的日新月異，加上投入天文學研究的學者愈來愈多，原本被認為天衣無縫、無懈可擊的「地心說」，地位逐漸動搖。不少學者、天文學家陸續發現到許多托勒密理論無法解釋的天文現象，開始質疑這個理論的正確性與可信度。不過，在基督教會控制一切的時代，倘若有人膽敢挑戰「地球為宇宙中心」的權威性，很可能會被視為異教邪說，慘遭活活燒死的命運，為求保命，許多傑出的天文學家，即使心中產生疑問，也不敢貿然付諸言行，以免觸犯基督教會的教義而遭到迫害。

到了 15 世紀，羅馬天主教會逐漸式微，文藝復興運動與宗教改革相繼發生，人民受教育的機會增多，思想愈來愈開放，對托勒密「地心說」抱懷疑態度的人也因而愈來愈多。不過當時教會權力雖然已不如往昔，卻仍保有某種勢力與權威，為自身的生命財產著想，仍然沒有人敢站出來說話，更別說為文批評了。

就在這時，波蘭出現了一位天文學家。他憑著對天文學的喜好與興趣，以及對追求真理的執著與堅持，窮他一生的時間與精力，潛心研究、觀測天文星象，並在發現托勒密理論的錯誤後，有勇氣著書立言，將「地球為宇宙中心」的「地心說」，導為「太陽才是宇宙中心」

的「日心說」，掀起天文史上最大的革命，將整個天文學帶進現代科學的境界。

　　這位現代宇宙觀的創始者，也是第一位將「地球繞太陽運行」的觀念著書傳世，影響後代深遠的偉大人物，就是身兼教士、醫生、軍人、畫家、政治家、天文學家於一身的現代天文學之父——哥白尼。

　　這本傳記，忠實記載了哥白尼的一生，讓我們看到哥白尼是如何從困境中成長、如何面對他所鍾愛的天文，又是如何在神職人員與反教會的思想中找到平衡，以及如何在四面楚歌中完成那本具有劃時代偉大意義的曠世之作《天體運行論》。

　　希望小朋友讀了這本傳記後，對這位改變人類宇宙觀的天文學家能有所認識，並能學習他不屈不撓、始終如一的治學精神！

寫書的人

趙夢蘭

　　趙夢蘭，筆名幽蘭，臺灣成功大學外文系畢業，旅美近三十年，現定居於美國南加州奇諾崗市。

　　從事翻譯工作多年，寫散文、小說以及兒童故事，文章散見於各報章雜誌。作品包括：連載小說《父女情深》、《古廈驚魂》；散文集《懷抱鄉愁的日子》；譯作《工作的意義》、《高人一等的秘訣》；文選《負笈歲月》等。

現代天文學之父 哥白尼

世紀人物 100

哥白尼

1473～1543

1 身世背景

　　1473 年 2 月 19 日，在波蘭北部托倫鎮裡的一座漂亮大宅院中，突然傳出陣陣嘹亮的嬰兒哭聲。不一會兒，一位接生婆由主臥室興沖沖的走出，手上抱著一個臉蛋兒紅通通的小男嬰，等在客廳裡的男主人和三個年齡不等的小娃兒見了，一擁而上。

　　「爸爸，他叫什麼名字？」五歲的芭芭拉興奮的問。

　　「尼克拉斯！」男主人興高采烈的回答。

　　「尼克拉斯！那不是你的名字嗎？」三歲的安德魯斯驚叫道。

　　「是啊，他和爸爸一樣，都叫尼克拉斯·哥白尼。」男主人得意的呵呵笑道。

　　紮著兩條辮子、八歲的凱薩琳走上前親了親小嬰兒，仰頭問

父親:「爸爸,我們以後叫他小尼克好不好?」

「小尼克?」老哥白尼想了想,然後笑道:「好,我們以後就叫他小尼克!現在,我們一塊去看媽媽吧。」

老哥白尼說著,抱著新生兒,領著一兒兩女,滿心歡喜的朝主臥室走去。

主臥室內,新生產婦正疲軟的躺在布置溫馨的大床上。

「辛苦妳了。」老哥白尼上前緊握愛妻的手,無意間瞥見她那含情脈脈的眼光,心中不免一悸。當年,他就是被這雙水汪汪的大眼睛給迷住的。

十多年前,三十多歲的老哥白尼因為聽人說「托倫鎮的天氣好、風景佳,是個生機無限的商港,到那兒做生意會發大財」,於是毅然決然別鄉離親,單槍匹馬由家鄉克拉科市來到托倫鎮打

天下。

到了托倫鎮，老哥白尼的銅器經銷生意果然做的有聲有色，並在一次聚會中，認識了一位才貌雙全的女孩芭芭拉‧華茲羅德。老哥白尼一見芭芭拉，立刻被她那雙會說話的眼睛吸引住，隨即展開熱烈的追求，並在不久如願以償娶她為妻，從此在托倫鎮定居了下來。

當時的托倫鎮，雖然地處偏遠地區，人口不及兩萬，但因靠近波蘭船隻往返最為頻繁的維斯拉河，每天到鎮裡港灣停泊的船隻，以及川流不息的商旅，把原本平靜的小鎮，烘托得熱鬧滾滾。

老哥白尼就在這麼一個多彩多姿、變化萬千的小鎮裡成家立業，過著幸福美滿的日子。

由於芭芭拉的父親非常熱衷政治，老哥白尼受到他的影響，婚後除了繼續經營銅器經銷事業

外，也開始涉及政治，在托倫鎮的政治圈相當活躍，不但做過當地的地方官，也加入由鎮民組成的自衛隊，為捍衛波蘭盡心盡力。他和芭芭拉婚後十年間，生了兩男兩女，哥白尼是四個孩子中最小的。

「老爺，有客人來訪。」

家僕的一聲通報，將老哥白尼由回憶中拉回現實。他將嬰兒交給芭芭拉，轉身走向前廳。

老哥白尼走進大廳，見到廳中站著四人，包括芭芭拉的母親凱薩琳，芭芭拉同母異父的哥哥約翰，托倫鎮鎮長夫人，也就是芭芭拉的姐姐克莉絲，以及芭芭拉的弟弟路克斯。

老哥白尼一見路克斯，眼睛睜得圓鼓鼓，張口結舌的問:「你怎麼也來了？」

老哥白尼會那麼吃驚，是因為從小被親友暱稱「神童」的路

克斯，五年前從科倫大學畢業後，就遠赴義大利深造。由於波蘭與義大利兩地距離遙遠，往返必須經過地勢險峻的阿爾卑斯山，因此路克斯出國後，很少見他回來。

「趁著祝賀姐姐添丁之喜，順道回家看看。再不回來，這些小傢伙都不認得舅舅了！」路克斯抱起安德魯斯往上拋，逗得他又笑又叫。

「什麼時候可以拿到波隆那大學的法學博士學位？」老哥白尼問。

「大概今年年底吧，畢業後，我會回來瓦米亞教區做教士。」路克斯邊說，邊跟著大夥往主臥室走去。

「瞧這孩子，出生才沒多久，眼睛就急著張開，像是要看穿這個世界似的。依我看呀，他將來可是會成大器的喔。」芭芭拉

的母親抱起小嬰兒，高興的對大
夥說。

這點可被外婆說對了！哥白
尼從懂事起，就是個好奇又好問
的孩子，凡事喜歡追根究柢、總
要把事情弄到水落石出不可。他
對周遭的事物，事事都感到興
趣，尤其對天際星象的變化，更
是情有獨鍾。經常一個人默默的
仰視天空，觀測著日月星辰，然
後發出一大堆像是「地離天有多
遠？」「月亮的家在哪裡？」「太陽
為什麼從東邊出來、西邊落下？」
「星星為什麼白天睡覺、晚上活
動？」令父母啼笑皆非、答不上來
的問題。

為了滿足么兒的求知欲，活
躍在托倫鎮政商界的老哥白尼，
除了經常帶他參觀各種藝術展
覽、替他購買大量圖書外，每回
出去和政界人士談政治、商界朋
友談生意，也總把哥白尼帶在身

邊，任由他們的談話。而愛做小跟班的哥白尼，有時也會跟著當鎮長夫人的阿姨一塊去參加盛會；或是跟著已回鄉當教士的舅舅一塊上教堂做禮拜，聽舅舅和教會裡的神職人員談論宗教。

哥白尼從小家裡就非常有錢，除了父親是個成功的銅器經銷商，在買賣銅器上賺了很多錢外，富有的外祖父在母親結婚時，給了她好多金銀財寶和房產做嫁妝，其中包括一座葡萄園。

葡萄園位於維斯拉河邊一座山丘的修道院旁，是哥白尼最喜歡去的地方之一。每回去，他總是迫不及待的爬到園中一棟大洋房的二樓，趴在窗口遠眺維斯拉河的景象，興致勃勃的看著河上進進出出的船隻、忙忙碌碌裝卸貨物的工人，以及來自四面八方形形色色的商旅。到了晚上，他

則滿心歡喜的仰首觀看天上的星星、月亮，以及似無窮盡的天際。

更多的時候，他會跟著哥哥或其他小朋友一塊跑到岸邊碼頭，聽來自世界各處的水手講述各地的風土人情，以及有關海盜和海盜船精采絕倫的故事。

「你真的見過會吃人的樹？」「你們真的把冰山撞成兩半？」「那個海盜真的有那麼屬害嗎？」「你被海盜抓住，怎麼逃走？」「你不怕嗎？」「後來呢？……」小朋友每每張大眼，七嘴八舌的問。

「哇！原來世界這麼大，有那麼多不同的國家和地方，還有那麼多有趣的人事物，以後有機會，我一定要雲遊四海，到各處看看。」哥白尼從水手們繪聲繪影的故事中，驚喜的發現宇宙中原來真的有「圓圓的」大地球存

在，而不是像許多大人所批評的：「圓圓的地球只是某些人憑空幻想出來的空中樓閣。」

快樂的日子總是過得特別快，轉眼間哥白尼已經十歲了。然而，就在這一年，他的父親卻意外病故，讓懵懂不識人間愁滋味的哥白尼，初次面對了人世間殘酷的死別。更糟糕的是，沒隔幾年，身體原本就虛弱的母親也突然病倒，而且病情急轉直下，讓日夜守在母親病榻前的哥白尼，心裡既難過又害怕。

「天父，請您保佑我母親安然度過這個難關吧。」哥白尼跪在奄奄一息的母親病床前，流著淚不停的禱告。但，母親最終還是死了，留下震驚、傷心、徬徨不知所措的四個孩子。尤其是年幼的哥白尼，遭此家變，更是痛不欲生。

「孩子，人死不能復生，你

們就不要再難過了！」哥白尼的舅舅路克斯摟著傷心的外甥、外甥女安慰著。

「可是，爸媽死了，我們以後該怎麼辦呢？」大姐凱薩琳抬起頭，淚眼汪汪的問。自從父親過世，家裡不再有收入，母親為維持生計，前不久連葡萄園也都賣了。這會兒母親死了，家裡又沒積蓄，叫他們姐弟四人日後靠什麼生活呢？

路克斯了解凱薩琳的憂慮，輕輕拭去她面頰的淚水，憐惜的說：「妳不用擔心，我已經跟教會說好了，以後就由我來照顧你們。」

路克斯說到做到，在他的協助下，哥白尼姐弟辦妥了母親的喪事，從此在他的羽翼下生活。然而，雖然路克斯盡了全力照顧四個孩子，讓他們如往昔般的上學、生活，哥白尼的二姐芭芭拉

仍因承受不了父母雙亡的悲痛，不久後即看破紅塵，進了修道院當修女。大姐凱薩琳則嫁給當地一位有錢有勢的商人吉爾樂。剩下哥白尼和哥哥安德魯斯，繼續接受舅舅的照顧與栽培。

生活環境的遽變，迫使哥白尼在一夜之間長大。雖然舅舅路克斯對他很好，送他上最好的學校，讓他衣食無虞，但他的心靈卻是孤寂的。於是，他寄情於書本、星月。在學校，他用功讀書，以期有好的成績回報舅舅。到了晚上，他時常對著星月，想著父母、想著地球和星月的距離、想著天際間奇幻的變化。

「親愛的爸爸媽媽，您們在天上好嗎？我們在這裡都很好，請您們放心。舅舅對我們很好，為了照顧我們，他花了很多心力，請您們保佑他在事業上更上一層樓吧！」哥白尼每夜入睡前，

總會對著天上的星星，這麼祈禱著。

　　或許上帝聽到了哥白尼的禱告，總之，路克斯在收養他們姐弟六年後，也就是在 1489 年他四十二歲那年，被天主教羅馬教廷相中，任命他出任瓦米亞教區的主教＊。

　　🔍 **放大鏡**

　　＊當時的瓦米亞教區雖然是個獨立的特別轄區，但因夾在兩股勢不兩立的惡勢力——波蘭王與德國條頓武士團——之間，處境既尷尬又危險。波蘭王與德國條頓武士團之間的仇恨，則早在 12 世紀末就已結起。

　　1190 年，一群打著「護衛基督教」旗幟的德國十字軍，在聖城耶路撒冷組織了條頓武士團。他們以打聖戰（將異教徒教化成基督徒）之名，陸續占領了不少波蘭的土地。當時波蘭因內部各團體爭權奪利，無法一致禦侮，以致讓條頓武士團的版圖愈擴愈大。

　　1410 年，波蘭女王珍維卡和立陶宛賈吉隆公爵成婚後，以波蘭與立陶宛聯軍，在天南堡一役，將條頓武士團打了個落花流水。從那之後，條頓武士團兵敗如山倒，勢力一天不如一天，這才把占領的波蘭土地，包括被他們建為前哨站的托倫鎮，以及被設為主教轄區的瓦米亞，一一歸還給波蘭。

　　只是，重回祖國懷抱的瓦米亞教區，並未因此而浴火重生。相反的，由於左邊的波蘭王處心積慮想收回條頓武士團所占領的土地，右邊的條頓武士團又蠢蠢欲動想奪回被波蘭王收回的疆域，使它的處境更為艱難，時時處於可能被捲入戰爭的危機中。

「瓦米亞教區的主教不好當，教區危險的處境你是知道的，隨便有什麼風吹草動，都可能引起戰端。」教皇把路克斯召到面前，耳提面命並語重心長的對他說：「我相信你的為人和你辦事的能力，所以把這重任交給你，希望你以後多費點心，瓦米亞教區人民的安危福祉，就全看你的表現了！」

路克斯微笑以對，並用極其堅定的語氣回答：「教皇您請放心，我會竭盡所能維護我們瓦米亞人民的權益，絕不會有負您的託付！」

路克斯果真沒讓瓦米亞教區的人民失望，他憑著敏銳的觀察力、卓越超人的機智，以及圓融的外交手腕，成功的化解了波蘭王與條頓武士團間偶起的衝突與爭端，使雙方皆能謹守本分、不致貿然越雷池一步。讓夾在虎視

眈眈兩股勢力間的瓦米亞，總算有了喘息的機會，人民終能平平安安的過日子。

也正因為如此，路克斯成了瓦米亞教區最有聲望與最有權勢的人。路克斯的春風得意，也為哥白尼日後的仕途，闢出了一條平坦寬闊的道路。

2 大學生活

　　春去秋來，歲月匆匆，隨著光陰的逝去，哥白尼小學畢業，被路克斯送入一所教學嚴謹的教會中學，在那裡繼續讀了幾年，1491 年以優異的成績畢業。

　　哥白尼高中畢業後，本來想找份工作幫忙家計，但被路克斯一口拒絕。

　　「不行，我不贊成！」身材魁梧、濃眉大眼的路克斯，一聽哥白尼想出外謀職，連聲反對道：「你才不過高中畢業，年紀輕輕，學無專長，你想你能做什麼？」

　　哥白尼低頭不語。

　　「學問為濟世之本，你若希望將來有所作為，趁年輕時多唸點書是必要的，我建議你繼續去唸大學。」路克斯好言相勸道。

「可是……唸大學要花很多錢。」哥白尼囁嚅的答。

這麼多年來，舅舅管他和哥哥的吃住及生活，又送他們進昂貴的教會學校唸書，已經花了不少錢，這會兒還要供他上大學，繼續承擔沉重的經濟負擔，叫他於心何忍？

「原來你在擔心這個啊！」路克斯聽後哈哈大笑道：「錢財是身外之物，只要你有心求上進，錢的事你不用擔心，舅舅會全權負責的。」

見哥白尼仍在猶豫，路克斯乾脆替他做了決定：「我看這樣吧，你就到克拉科大學＊去唸。克拉科大學是我的母校，那兒的環境幽雅、學術水準高，我相信你一定會喜歡的。」

路克斯頓了頓，接著又說：「更何況克拉科市是你父親的故鄉，你還有不少親戚住在那裡，

你正好可以趁這個機會去看望他們。」

禁不住路克斯的再三遊說，本來就有心再深造的哥白尼，在一個風和日麗的午後，滿載著舅舅的祝福與叮嚀，懷著萬分感激的心，風塵僕僕的往克拉科大學行去。

哥白尼因為父親經商，從小耳濡目染，對數字非常熟悉也有興趣，因此進入克拉科大學後，便以數學為主修科目。當時歐洲共通語言是拉丁文，哥白尼因此也選修了拉丁文。除此之外，他還選修了地理、哲學，以及繪畫

*克拉科大學　位於波蘭首府克拉科市，為波蘭王卡斯米爾大帝於 1364 年所創立。當時適值文藝復興運動萌芽之際，人們的思想得到解放，求知若渴，歐洲許多國家為配合實際需要，陸續興建了不少大學。原本就極重視教育的卡斯米爾大帝，為順應時代潮流，也為提升本國教育水準，特別下令在首都建立了這麼一所大學。經過百年的建設和改進，在哥白尼入學時，克拉科大學的名氣正達登峰造極之際，尤其是它的數學系和天文學系，更是遠近馳名。

課*。

　　哥白尼搬入學生宿舍沒有多久，一天下午有人敲門，他打開門看，是校監阿伯特‧布拉教授。

　　「我可以打擾你一下嗎？」雙手捧著書本的布拉教授禮貌的問。

　　「哦，當然可以，老師請進！」哥白尼畢恭畢敬的請進阿伯特，心中疑雲重重，不知這位在學校教布貝克《行星理論》、以及謬勒《星曆表》的名教授找他有什麼事？

　　「別緊張，我不是來找你麻煩的。」阿伯特笑道，把手中的書遞給哥白尼，慈祥的說：「這幾本有關天文學方面的書你拿去看，或許對你會有些幫助。」

放大鏡

*哥白尼的畫畫得相當不錯，在法國斯特拉斯堡大教堂內，至今仍珍藏了一幅他的自畫像。

　　哥白尼狐疑的接過書，隨便翻看，發現作者的名字都是「阿伯特‧布拉」。

　　「不錯，這些書都是我寫的。」阿伯特笑道，接著解釋來意:「聽同學說你是個天文迷，為了觀星可以晝夜不休。我自己也是天文迷，難得碰見像你這樣的星癡，所以也就不請自來了，希望我的經驗，能對你有所幫助。我覺得，你對觀星有興趣固然可喜，但興趣若能加上學理做基礎，想必更能探究到宇宙的精髓。」

　　哥白尼謝過阿伯特，花了三天三夜的時間，將幾本書大致瀏覽一遍，對書中浩瀚的天文知識與理論訝嘆不已。於是，他登門拜訪阿伯特，希望他能指點迷津，指導他一條研究天文學的正確之路。

　　在阿伯特的建議下，哥白尼

在學校加修了亞里斯多德＊的宇宙觀，以及托勒密＊的地心說，此外，他也閱覽了許多古代天文學家的作品，包括喬安尼斯有關天體運行規則的《天體論述》；歐幾里得有關假設、演繹、邏輯的《幾何原本》；以及謬勒有關星星所在位置的《星曆表》。讀了這些作品，讓他眼界大開，對天文學中的奧妙嚮往不已，從此便一頭栽入天文學的領域中。

哥白尼在克拉科大學待了約莫一年，有一天他像往常一樣到

放大鏡

＊亞里斯多德　西元前 384 ～前 322 年，是古希臘的哲學家，對歷史、政治、天文各方面都有他獨特的看法。他認為地球位於宇宙的中心，靜止不動，其他星球都繞著地球運轉。他也相信地球是圓的，因為每當月蝕時，地球投影在月球上的影子是圓的。

＊托勒密　約 85 ～ 165 年，是希臘著名的天文學家，他承襲亞里斯多德「地球是宇宙中心」的想法，進一步闡釋創立了「地心說」，也就是主張「地球是一個固定、無法自轉的物體，位於宇宙的中心。其他一切天體，包括太陽和其他恆星，都圍繞著地球運轉。」由於托勒密的學說比較完整有系統，從他之後的一千多年，一直被世人普遍接受，直到哥白尼的「日心說」出現為止。

學校上課。一進校園，就發覺校園氣氛有些詭譎，同學們交頭接耳議論紛紛，不時發出歡呼與爆笑聲。哥白尼想：今天是10月13號，除了13數字不吉利外，好像沒有什麼特別的嘛？正想著，迎面走來兩位同學，他趕緊攔下他們。

「嘿，強尼，今天到底發生了什麼事？看大夥都這麼興奮？」哥白尼狐疑的問。

那位叫強尼的同學張大眼嚷道:「你不知道嗎？哥倫布發現新大陸啦！」

「就是嘛，哪，你看，這是今早的號外。」強尼身邊的金髮女孩邊說，邊遞給他一張報紙。哥白尼接過，報上醒目的頭條大標題:「1492年10月12日，歷史創舉！義大利航海家哥倫布發現新大陸！」立刻映入眼簾。

哥白尼迅速讀完全篇報導，

不禁也興奮起來，心想：過去曾有人提出「地圓說」，結果被大家罵了個狗血淋頭，說那個人的腦袋八成有問題，因為「地球如果是圓的，住在地球下方的人，豈不是腳朝上、頭朝下，那樣不早掉到太空去了！」而今哥倫布發現新大陸，證明地球的確是圓的＊，如此看來，當初被罵腦袋有問題的人，其實才是真正的智者。他想：如果當初大家一致公認不可能的事，如今都變成了可能，那麼這個世界上還有多少我們認為是真理的事，其實是錯誤的觀念呢？哥白尼愈想，愈對已知的世界起了懷疑，也開始審慎的思考，激起他進一步探討事實真相的興趣與好奇心。

　　哥白尼在克拉科大學唸了三

＊其實真正證明地圓說的人，是二十多年後環繞世界一周的麥哲倫。

年，眼看就要畢業，有一天突然接到舅舅的家書，要他「盡速趕回法朗堡」，因為那裡有位老教士病危，可能不久於人世，他要哥白尼趕快回去等著接老教士的教士遺缺。

哥白尼接信後，哪敢遲疑，立刻快馬加鞭趕了回去。只是老教士雖然不久後辭世，哥白尼卻沒能補上他的缺。這究竟是怎麼回事呢？原來那時候教會有一條不成文的規定，就是主教只能在雙月任命教士，單月則由教皇親自指派。老教士在 9 月 21 日過世， 9 月屬單月，照規定遺缺由教皇指派，哥白尼的希望因此落空。

補不上教士缺，哥白尼顯得有些意興闌珊，他想反正學校已經休學，就趁這個機會回老家托倫鎮看看吧。於是，他向舅舅告了幾天假，回到托倫鎮，住在大

姐家，和大姐一家敘天倫、拜訪老朋友、老同學、也去了兒時常去的碼頭重溫舊夢。

在托倫鎮住了一陣子，該拜訪的人都拜訪了，想看的地方也都去過了，哥白尼漸漸感到無聊，不由得懷念起校園的生活，興起重返學校繼續學業的念頭，於是他回去找舅舅商量。

「如果你想回學校唸書，我覺得與其回克拉科大學唸數學，不如到義大利波隆那大學唸教會法。」路克斯建議。

「可是我的學位還沒拿到。」哥白尼有些猶豫。

「沒拿到沒有關係，這年頭換著學校唸是很稀鬆平常的事，當年我在克拉科大學也只唸了兩年，後來轉到科倫大學，拿到那裡的學位。」路克斯怕哥白尼誤會，特別加以解釋：「我並不是不希望你拿克拉科大學的學位，而

是覺得你在那唸了三年，大概該學的都已經學會了，與其在那混文憑，不如去唸點實際的。」

看見哥白尼迷惑不解的樣子，路克斯進一步解釋：「以我的身分地位，將來要替你找個教士職位，當然沒有什麼問題。但甄選教士，候選人原則上需要具備神學、醫學或教會法的學位，如果你能修個教會法的博士學位，將來我任命你為教士時也比較名正言順。」

哥白尼聽舅舅這麼說，明白了他用心良苦。波隆那大學的大名他早聽說過，現在有機會去，他當然求之不得。但一想到現實的經濟問題，他不由得又有些踟躕起來。

「聽說波隆那大學是所貴族學校，那裡的生活水準很高，恐怕要花很多錢哩！」哥白尼猶豫的說。

　　路克斯拍拍他的肩，爽朗笑道:「放心啦，你的盤纏學雜費我早就準備好了，你就儘管放心去吧。」

　　哥白尼聽了十分感激，欣然接受舅舅的建議，在備妥沿途所需乾糧用品後，辭別舅舅，帶著簡單行囊，一路往波隆那大學奔去。

3 出國唸書

　　位於南歐的義大利，國土南北狹長，屬於地中海型氣候，雖然時序已入10月，氣溫仍居高不下。

　　這一天，在波隆那的街道上，出現一位瘦高俊俏的年輕人，此人正是哥白尼。經過一個多月的長途跋涉，他的臉上布滿風霜與疲憊。

　　「請問貝耿先生在家嗎？」哥白尼來到一座宅院前，對著裡面高聲呼喊著。

　　「我就是貝耿，找我有什麼事嗎？」一位五十開外的長者出來應門。

　　哥白尼遞上舅舅的信函，靦覥的說明來意：「我是路克斯的外甥，想來府上借住幾宿。」

　　貝耿看了路克斯拜託老同學

照顧外甥的信，連聲說:「請進，請進！」熱情的迎進哥白尼。接下來幾天，貝耿帶著哥白尼在波隆那大學，以及校園外四處遊逛，幫助哥白尼熟悉附近的環境。

「波隆那大學是當今歐洲首屈一指的名校，每年由四面八方慕名而來的學生多如過江之鯽。那些學生有一半來自高官、富賈之家，常常是揮金如土。此地政府為維護學校如日中天的校名，不惜把稅收的一半都用在這所學校上，重金禮聘各國大師級的教授來此授課。」貝耿指著草木扶疏的美麗校園，介紹著波隆那大學。

沒隔幾天，學生陸續前來註冊。在這些學生當中，有年輕的學子、年長的社會人士，也有前來進修的神職人員。他們有的單人獨行、有的攜家帶眷，也有不少是帶著書僮或家僕隨行的。他

們一如貝耿所述，泰半出手大方、揮霍無度，浪費的程度讓哥白尼看得瞠目結舌。

學校開學在即，哥白尼不好再在貝耿家打擾，於是開始積極出外找房子。

「請問這裡有房間要分租嗎？」這天，哥白尼拿著由學校布告欄抄下的地址，來到一戶宅院前敲門探問。為了省錢，他決定捨學校宿舍，到校外找便宜的房間住。

開門的是一位四十多歲的長者，兩人互報姓名，哥白尼驚喜的發現，對方竟是學校赫赫有名的天文學教授諾瓦拉＊。

「就這樣說定了，歡迎你隨時搬入。」諾瓦拉和哥白尼簡短的談過後，對這位態度誠懇、喜愛觀測星球天象的大男孩很是喜歡，便一口答應把房間分租給他。

哥白尼歡歡喜喜，趕在開學前搬進了諾瓦拉的家。

開學了，哥白尼也跟著忙碌起來，他除了要選修課程外，也積極的挑選想加入的兄弟會。幾

放大鏡

＊諾瓦拉　1454～1504年，是義大利相當有名的天文觀測家，也是天文學大師謬勒的高徒，他曾根據自己的觀測，發現自古以來宇宙天際的方位已經改變，托勒密《天文學大全》中提到的星星位置已不再正確，因此一一替它們重新定位。諾瓦拉雖然是偉大的天文學家，卻靠占卜維生及出名。他在波隆那大學教了27年書，1504年去世，享年五十歲。

而出生於德國的謬勒（1436～1476年），是15世紀不可多得的天才人物。他11歲就編了一部天文年鑑；15歲受聘為腓特烈三世的占星家；21歲造了一隻機械鳥，在麥斯米林一世進城時會展翅向他敬禮；29歲替教皇保羅二世做了一個手提日晷；35歲定居紐倫堡時，建造了德國第一個天文觀測臺；1476年受教皇希特斯六世之詔，前往羅馬幫忙曆法改革。在羅馬期間被人暗殺，死時剛滿40歲。

謬勒雖然發明很多天文儀器，但影響後人最深遠的，卻是他研究托勒密《天文學大全》後，所出版的《天文學大全概論》。在書中，他指出托勒密的理論與他觀測的結果不合。此外，他創立了現代化的觀測法，以固定恆星為基準來測定行星位置；並在他所編的年鑑裡，標示出最佳的觀測時間。

哥白尼深受謬勒影響，一則是他在克拉科大學求學時，所用的數學教科書就是謬勒所寫；另外他在波隆那大學的指導教授諾瓦拉是謬勒的學生，這使得他對謬勒的想法，有了較深的接觸與了解，導致他的「日心說」，能以「新數學的技巧來證明理論的真實性」，掀起有史以來天文學以科學做基礎的改革。

經思考後，波蘭語和德語都精通的哥白尼，決定依循舅舅的腳步，加入了學校聲勢最為龐大、只收法律系學生的德國兄弟會。

不過，不管日子再怎麼繁忙，哥白尼仍不改他觀星的習慣。每當夜幕低垂時，他不是躺在校園草地上，就是趴在租屋房間的窗口，眺望星月，觀察它們的變化。每當遇到天文問題不得其解時，他便會去找諾瓦拉教授，虛心向他請教。

「我曾經測定過南歐一些城市的緯度，發現那些緯度的數值和托勒密測得的結果不一樣。我很懷疑托勒密的宇宙體系，是否真如一般科學家認為的天衣無縫？」有一次，諾瓦拉和哥白尼開聊時，提到了他對托勒密地心說的質疑。

這是哥白尼第一次聽見有人「膽敢」對托勒密的地心說，發

出挑戰性的言論。

　　和諾瓦拉的那一席話談過沒有多久，有一天，哥白尼在回家的路上，看見有同學對他指指點點，覺得很奇怪，便走上前探問：「你們在做什麼啊？」

　　「你不知道嗎，你的房東闖禍啦！」

　　「就是說嘛，好好的日子不過，幹嘛盡出些餿主意！」

　　「這下他慘了！」

　　「他還真不怕替自己惹麻煩耶！」

　　同學七嘴八舌的說，說的哥白尼丈二金剛摸不著頭腦，愈聽愈糊塗。

　　「你們究竟在說什麼啊？」哥白尼問。

　　「喏，你自己看。」一位同學遞給他一張當日的學報，指著其中一篇文章說。哥白尼接過報紙，「宇宙的中心真的是地球

嗎?」的醒目標題,立刻吸引了他的注意力。他仔細讀後,才發現那是篇諾瓦拉教授對地球「靜止不動且為宇宙中心」的論點提出質疑的文章。

哥白尼讀罷全文,對諾瓦拉「用懷疑的精神去探索未知的學問,用實證的精神去挑戰傳統的權威」充滿了敬佩。但他不便說什麼,把學報放入口袋,和同學笑了笑,默默的離去。

到了晚上,哥白尼站在院中,仰望天上的星兒,正巧瞧見金星往後逆行,不禁想起諾瓦拉文章中所提「如果照托勒密的理論,地球為宇宙中心,眾星環繞地球運轉,那就不應該有星星向前順行後,又向後逆行的現象發生。」哥白尼左思右想,愈想愈覺得諾瓦拉的懷疑有理,也愈覺得除了地心說之外,必定還有更好的邏輯,能解釋星星逆行的現

象＊。

　　哥白尼對諾瓦拉的敬重，看在諾瓦拉眼中非常欣慰。他注意到哥白尼對星象觀測的著迷，也很感激他對自己批評文章的暗中支持，便力邀哥白尼參與他在天文學上的編纂工作。

　　1497 年 3 月 9 日，哥白尼像往常一樣觀測著天上的星辰。突然，他隱約看見月亮朝金牛星座中的橙黃色巨星（星名：畢宿五）接近，看到那一幕，他的心都快要跳出來了。

　　「諾瓦拉教授，你快來看呀！我看見畢宿五了，畢宿五就快被月亮遮住了！」哥白尼對著屋內高聲叫喊。

　　諾瓦拉正預備就寢，聽見哥白尼的嚷嚷聲，連衣服都來不及換，就連跑帶跳的奔了出來。

　　就那樣，師徒倆屏氣凝神，興奮的盯著天際，眼睛眨也不敢

眨的瞧著月亮緩緩朝畢宿五趨近、愈走愈近、愈走愈近、遮掩住畢宿五、畢宿五不見了、月亮橫過畢宿五。當看到畢宿五再現蹤影時，諾瓦拉和哥白尼相擁互道恭喜。

這是哥白尼第一次觀測到星蝕*，他的興奮之情可想而知。這項觀測的結果，哥白尼後來把它收錄在他的經典之作《天體運行論》中。

1497 年底，哥白尼正感阮囊羞澀，意外接到舅舅的家書，告知已替他遞補上法朗堡的教士遺缺，同時因為教會「教士求學或公務在外，可領薪而不必留在教

放大鏡

＊照地心說的說法，宇宙中心為地球，其他的星球繞著地球並循一定的方向往前行走。哥白尼看到的金星，不像一般星球往前移動，而是朝相反的方向運行，這也是他懷疑地心說不盡正確的原因之一。

＊星蝕　星星被其他星球遮掩，發生虧蝕的現象，我們稱之為星蝕，一如月蝕、日蝕。

會」的不成文規定，從隔月起他便可坐享教會乾薪而不必履職。哥白尼多了教會每月寄至的薪俸，生活頓時獲得改善。

哥白尼在波隆那大學待了四年，期間除了修習法律課程外，也追求在天文學及數學方面的興趣，繼續跟著諾瓦拉做觀測星象與編纂資料的工作。當時文藝復興運動＊正在義大利如火如荼的展開，哥白尼的許多教授，都是具有新思想的人文主義者，視野開闊、知識豐富，哥白尼在他們的薰陶指導下，學到了思想的開放，以及挑戰傳統的勇氣。

為了徹底了解希臘、羅馬古典文化，拉丁語流利的哥白尼特地去選修了希臘文，以防被錯誤的譯文所誤導＊。為了學好阿拉伯數學，他又去學了阿拉伯文。由此可見哥白尼求真求實、腳踏實地做學問的精神。

1500 年，適逢羅馬天主教百年一次的大赦年，教皇特別發出詔書，邀請世界各地教徒前往羅馬慶祝，哥白尼和安德魯斯也在受邀之列。

「你要去嗎？」安德魯斯問，他在哥白尼入學隔年，也跟著進了波隆那大學，主修哲學。

「當然要去，教會百年難逢的盛典，我怎能錯過！」哥白尼答。兄弟倆於是結伴而行，在復活節前三天到達羅馬。

放大鏡

＊**文藝復興運動**　簡單的說，就是西元 14 至 16 世紀之間（相當於中國的明朝時期），歐洲因教會日漸腐化，使得人心思古，許多憂國憂時的知識分子，以義大利為中心，所掀起的一種新文化、新思想的運動。

文藝復興的特點，在於把人由神的桎梏中解放出來，大家重視的不再是神而是人；不再是死後的永生，而是現世的享樂。

人重視自我的結果，衍生出所謂的人文主義。也就是人有了自己的想法和作法，不再凡事皆以教會的戒律作為遵循準則。它影響的範圍，包括了藝術、人文、宗教以及科學各方面。

＊當時歐洲的共通語言是拉丁文，只懂拉丁文的學者若想閱覽希臘作品，必須仰賴由希臘文翻成阿拉伯文，再由阿拉伯文翻成拉丁文的拉丁文翻譯本。

　　哥白尼到了羅馬，看見二十多萬前往朝聖的教徒，個個是那般虔誠熱情，心中感動萬分，當下決定在那多停留些時間。在那裡，他受邀到各大學做有關數學和天文學方面的專題演講。

　　同年11月6日，哥白尼在一次星象觀測中，第一次觀測到月蝕。

　　隔年2月，有一天，哥白尼在大學講完課正欲回旅館，在校門口看見安德魯斯朝他狂奔而來，手上揮舞著一封信。

　　「小尼克！你看，你看！我也中選了。」安德魯斯興奮的說。

　　哥白尼接過信略微瀏覽，原來是舅舅通知安德魯斯已獲法朗堡教士職，並要他「和哥白尼速速趕回法朗堡就任新職」。

　　兄弟倆接信後，匆匆處理好瑣事，隨即馬不停蹄的趕回法朗堡。

　　經跋山涉水，翻越過險峻的阿爾卑斯山，兄弟倆安然回到瓦米亞教區，並於 1501 年 7 月 2 日，在舅舅及其他親友的見證下，宣誓成為法朗堡的教士。這時哥白尼已經領了四年法朗堡教士的薪水，卻是第一次踏入法朗堡教堂。

　　宣誓成為教士未久，安德魯斯向舅舅請願，希望能再回義大利讀書，獲得舅舅首肯。接著，哥白尼也去見路克斯。他考慮良久，決定向舅舅吐露埋藏在心中已久的一件祕密。

　　「學醫？」路克斯詫異的問。

　　哥白尼點點頭，傷感的說：「這些年來我一直在想，如果當年我們能夠找到醫術比較高明的醫生，說不定我爸媽到今天還活著。爸媽生病，我卻只能眼睜睜的看著他們痛苦而去，這點讓我始終耿耿於懷。所以我暗下決

心，希望有一天能成為醫生，懸壺濟世替人治病。」

看見路克斯低頭沉思不語，哥白尼緊接著說：「舅舅您請放心，學醫絕不會影響我教士的職責，我也一定會想辦法拿到法學博士學位。」

聽哥白尼這麼說，路克斯開懷的笑了。「很好，既然你有這個心願，我就成全你。老實說，我們瓦米亞教區長期缺少醫生，你去學醫，將來也好回饋鄉里。不過……」路克斯停了會兒，若有所思的說：「上醫學院恐怕要花很多錢，你就暫且在這多待幾天，我看可不可以替你從教會那申請到一些獎學金。」

幾天後，獎學金順利撥下，哥白尼歡天喜地的告別舅舅，準備前往義大利的帕度亞大學習醫。

4 學醫之路

　　站在帕度亞大學的校園裡，看著綠意盎然的草坪、奔跑穿梭其間的松鼠，哥白尼滿意的笑了。過去他在波隆那大學求學期間，每當向同學或教授談及自己想當醫生的心願時，大夥不約而同都會提到帕度亞這所大學。

　　「帕度亞大學是當今少數設有醫學系的大學，那裡的師資優良、教學設備完善、前後已培育出許多很好的醫生。若你想當醫生，想辦法進那所學校就沒錯。必要時，我願意為你寫推薦信。」數學教授伯朗先生熱心的說。

　　「聽說帕度亞大學的天文學系和希臘文系也很有名，你不是對這兩學系都很有興趣嗎？你若到那裡去讀醫學，豈不是一舉三得！」同學法西斯細細為他分析。

「你將來若是當醫生，我就不怕生病了。到時候找你看病，可不能收我的錢喔！」也有同學對他開玩笑的說。

沒想到有一天，他真的如願以償進入帕度亞大學醫學系，而且……

「哥白尼，你在這裡發什麼呆？還不快走，就快遲到了啦！」一個女孩走過來，打斷哥白尼的沉思。

哥白尼由回憶中回到現實，尷尬的朝女孩笑了笑，抱著書本，隨女孩快步向教室走去。

走進教室，習慣早到的藥劑學教授已在黑板上寫了帖藥方，同學們正忙著抄寫。

哥白尼和教授打了聲招呼，找了個位子坐下，拿出紙筆，照著黑板上的藥方，一字一字的往下抄去：海綿、肉桂、西洋杉、血根草、白蘚、番紅花、檸檬

皮、珍珠、綠寶石、紅風信子石、藍寶石、甲蟲、紅珊瑚、金、銀、糖……＊。

放大鏡

＊也許有小朋友會問：海綿？珍珠？寶石？有沒有弄錯？這些東西能吃嗎？不錯，說吃這些東西能治病，聽來的確匪夷所思，但後人在哥白尼的《幾何原本》教科書後，確實發現這份由他親筆抄錄、包括有二十一種「藥材」的藥方。

事實上，在哥白尼那個時代，醫生替人治病所依據的學理、看病的方法以及開出的藥方，都和我們今天的不同。今天我們生病去看醫生，醫生會問我們哪裡不舒服？替我們量血壓、測體溫、聽心跳，然後根據我們是被哪種細菌或濾過性病毒感染，以打針、科學研製的藥丸或藥水來替我們治病。

但在哥白尼那個時代，醫生認為人會生病，是因為被惡魔附身的結果，想要治好病，當然就得先把惡魔趕走。他們為病人看病，不問病人哪裡有問題，也不檢查病人的身體，而是看病人的天宮圖，由天宮圖中去找病因。找到病因後，一則用放血的方法，將病人身上的「髒」血放出；另則開類似哥白尼抄寫的藥方；或是叫病人抓些蟲子、蜥蜴、蚯蚓等，配著水或酒吃下。

由於放血或吃藥，目的在驅逐惡魔，因此在放血或吃藥前，醫生必須先請示占星師，算好時辰。病人在放血或吃藥時，也必須一邊放血或吃藥，一邊唸經以加強治病的療效。

天宮圖指的是依據一個人出生時的剎那間，計算出各行星、太陽和月亮所處的星座和宮位，以推算出一個人的性格、氣質、財運與命運。在當時的醫學觀念與學理中，一個人的天宮圖代表著那個人的身體結構，不同的宮控制著不同的身體部位。比方獅子宮掌理左右腦袋，白羊宮控制心臟，金牛宮掌管兩臂及肩膀。醫生觀察一個人的天宮圖，便可判斷出這個人的毛病出在哪裡。

　　哥白尼正專心抄黑板上的藥方，突然「咻」的一聲，一個紙團落在他的筆記本上。他前後左右瞧了瞧，看見坐在窗口的里斯德正作手勢要他看紙團。

　　哥白尼打開紙團，上面寫著:「哥白尼，明天週末，我和克莉絲及伯思計劃到市郊替人算命，學以致用嘛，當然也順便賺點外快囉，你要一塊去嗎?」

　　學以致用?!哥白尼不苟同的搖搖頭，朝里斯德比了個不去的手勢。自從上學期修了占星術※後，同學們就紛紛替人算起命來，里斯德尤其熱衷，三不五時還會邀他一塊去。

　　「哥白尼，你幹嘛又不去，算命的錢這麼好賺，又可以幫助別人解決問題，你為什麼那麼排斥、不願意做呢?」下課後，里斯德走向哥白尼，繼續向他遊說。

放大鏡

＊**占星術** 源起於數千年前的巴比倫王國，由於他們以農立國，農作物的豐收與否對他們非常重要，因此對影響農作物播種、插秧、生長、收成的天氣與四季變化非常重視，他們花了很多心力去研究。後來他們綜合從前蘇美人以及自己對星象觀測的紀錄與研究，制定了曆法，並衍生出「以星象變化，來預測人世間發生的事」的觀念，占星術因而逐漸形成。

巴比倫人根據月亮的變化來制定曆法，將一年定為 12 個月，一個月定為 30 天，一天定為 24 小時，一小時定為 60 分鐘，一分鐘定為 60 秒鐘。此外，他們將一星期訂定為 7 天，以日、月、金、木、水、火、土命名。最後一天不工作，用來舉行宗教儀式，這就是今天禮拜日稱謂的由來。

到了西元前 46 年，羅馬凱撒大帝聘請天文學家索西金斯到羅馬改革曆法，將一年定為 12 個月，1、3、5、7、9、11 等單月，每月定為 31 天。2、4、6、8、10、12 等雙月，每月定為 30 天，但如此加起來是 366 天，比當時實際測知地球繞太陽一圈的 365.2422 天多，於是從 2 月扣除一天，變成 29 天。不過這樣加起來變成 365 天，又比 365.2422 天少，只好每 4 年加上一天，稱為閏年，以補一天的誤差。

凱撒大帝因為自己生在 7 月，所以特別將 7 月定為大月 31 天。後來繼任的奧古斯都，為了彰顯自己的偉大，也將他出生的 8 月改為大月，以後的大小月則全部顛倒過來，如此，一年變成 366 天，為了修正天數，他又從 2 月再扣掉一天，變成 28 天。從那之後，1、3、5、7、8、10、12 月為大月，每月 31 天；2 月為 28 天；4、6、9、11 月為小月，每月 30 天。這就是我們今天所採用的曆法。為免混淆，凱撒大帝制定的曆法稱為舊曆，現在使用的曆法則叫新曆。

新曆比之舊曆，似乎更為複雜，這裡教小朋友一個記住每月天數的方法：把拳頭拳起，從突出的部分數起，1 月突出是大月、2 月凹下是小月、3 月突出是大月……7 月突出是大月，數完 7 月，再從頭數 8 月，以此類推，就不會弄錯了。至於何年是閏年也不難算出，凡是西元年數能被 4 除盡的，就是閏年，比方 2004 能被 4 整除，2004 年就是閏年，下個閏年當然就是 2008 年了。每逢閏年，2 月就多一天，由 28 天增為 29 天。

哥白尼那個時代，一般人對「人的命運取決於星象的變化」仍是深信不疑，因此上至達官貴人、下至販夫走卒，不論國家軍隊出征，或是平民日常瑣事，都必須請占星師占卜吉凶，確定是吉後才敢行動。因為大家太相信占星術，使得占星師供不應求。許多天文學家在經濟考量下，也紛紛成了占星師。據說他們兼差為人算命賺的錢，往往比當學者教授賺的錢還要多得多。

　　哥白尼本來想說：「占星學沒有科學根據，可以用來作為研究天文學的輔助工具，但不可以太依賴它，更不可以迷信它。」不過他見里斯德那麼興奮，不想澆他冷水，更何況他知道里斯德的家境不好，不像他有教會固定的薪水可領，生活上沒有斷炊的顧慮。於是，他嚥下本來想說的話，改說：「我不是不願意做，實在是不巧我明天正好有事，沒有辦法跟你們去罷了。」

　　里斯德聽哥白尼那麼說，也就不再勉強。兩人再寒暄幾句，便各自去處理自己的事了。

　　時間過得很快，一轉眼哥白尼來到帕度亞大學已一年多。在這一年多裡，他除了修習醫學、天文學及希臘文，在課業上頗有收穫外，也結交了不少可以談心的朋友。因此，儘管他生活再忙再累，卻始終甘之如飴。尤其想

「再過幾年就可以拿到醫學博士學位，到時候想當醫生的心願即可實現」時，他的心中更是充滿希望與喜悅。

日子在忙碌與期盼中一天天的過去。

一天晚上，哥白尼正在燈下看書，門外突然傳來急促的敲門聲。

「哥白尼！哥白尼！開門，你快開門呀！」

哥白尼應聲而起，打開門，一條人影閃入。人影進屋後，隨即把門鎖上，並把燈火熄滅。

「你……」哥白尼想說什麼，但被那人蒙住嘴巴。就在這時，屋外一陣零亂的腳步聲，由遠而近，然後漸去漸遠。

「哇，好險！」那人說，將燈點亮。

「索里斯，這到底是怎麼回事？」哥白尼一看清來者是他同學

後，驚訝不解的問。

索里斯吁了一口氣，驚魂未定的說:「剛才我從圖書館出來，走沒多久就被一群人盯上。我看情況不妙拔腿就跑，那些人見我跑就在後頭追。幸好我地方熟，知道你住這附近，情急之下只好來打擾你了。」

「怎麼會這樣？最近校園治安好像很不好，在你之前，我就聽說有學生夜間在校園被搶。」哥白尼有些憂心的說。

「豈止我們校園治安不好！整個帕度亞市的治安都有問題。你沒聽說嗎？最近地方幾個派系在爭權奪利，常常一言不和就打起來。政治不穩，治安怎能不敗壞！」索里斯激動的說。

索里斯走後，哥白尼陷於苦思，他本來計劃「先拿醫學博士學位，再拿法學博士學位，然後回故鄉服務鄉親」，現在帕度亞

市出現政治紛爭，治安跟著變
壞，接下來還不知道會發生什麼
事。為了自身安全，看來他的計
劃得有所改變了！

5

衣錦還鄉

　　哥白尼坐在佛拉拉大學的一間教室裡，如坐針氈，眼睛不時瞄著教室的進口處。不用多久，那扇門即將打開，他的命運也即將在那一刻決定。

　　半年，來這小鎮一晃已經半年了。在這半年裡，他在當地大學補修了法學院畢業必修的學分，又閉門苦讀了一段時間，終於鼓足勇氣參加艱深的畢業考。

　　命運真是很奇妙的，那年他拜別舅舅前往帕度亞大學，原本打算花三年時間修個醫學博士學位，然後再回波隆那大學完成法學博士課程。哪知在帕度亞大學讀了不到兩年，當地發生戰事，學校裡紛紛擾擾，為了安全起見，他決定暫時離開帕度亞，避開那場風暴。

　　哥白尼離開帕度亞後，基於經濟考量，並沒有照原計劃回波隆那大學，而是選了個寧靜、生活水準不高的佛拉拉小鎮待下。在這裡，少了波隆那繁華熱鬧的誘惑，讓他更能靜下心來專心讀書。

　　正想著，門咿呀的開了。巴德拉和盧特斯兩位指導教授一前一後的走入。

　　「恭喜你，你已順利通過考試！」巴德拉伸出手來，滿臉笑意的說。

　　哥白尼緊握巴德拉的手，興奮得說不出話來。盧特斯跟著也走過來向他道賀。

　　1503 年 5 月 31 日哥白尼從佛拉拉大學校長的手中，接過他生平第一張也是唯一的一張文憑。當晚他寫了一封文情並茂的信給路克斯，報告他已獲得法學博士學位的好消息，同時也藉機表達

他對舅舅多年來栽培恩情的感激之意。

拿到法學博士學位後，聽說帕度亞的戰事已平，哥白尼又回到那裡繼續他的醫學課程。沒多久，他接到舅舅的回信。

「親愛的尼克拉斯，」路克斯這樣寫道，「接到來信，得知你已順利取得法學博士學位，甚感安慰。在這裡告訴你一個不怎麼好的消息，那就是你哥哥得了一種不知名的怪病，全身皮膚逐漸潰爛，現已返回法朗堡靜養。舅舅我近日來為處理波蘭王與條頓武士團間時起的糾紛，弄得心力交瘁。每當深夜靜思，總想著你若此刻能在我身旁，助我一臂之力，為我分勞，那該有多好啊！」

哥白尼閱信後，陷於苦思，照他的計劃，他是希望能拿到醫學博士學位。但現在哥哥的病、舅舅的焦慮，他豈能袖手旁觀？

再說他的醫學基本課程已經修畢，此刻放棄固然可惜，但也無礙於他的行醫。

想到這裡，哥白尼站起身，開始收拾行囊，準備打道回府。

回家途中，哥白尼在克拉科市做了短暫逗留，拜訪了幾位老教授和老同學。克拉科大學校長聽說他回來，特別邀請他餐敘。在席中，校長很誠懇的表明想請他留下來教書的意願。

哥白尼聽了很心動，克拉科大學有他美麗的回憶，他也一直很喜歡大學單純的環境和學校濃郁的學術研究氣息。但是，他卻無法答應。

「謝謝校長的盛情，我恐怕要讓你失望了。」哥白尼有些無奈的說。「我也希望能留下，但我答應過舅舅學成後一定回瓦米亞幫他的忙，並替那裡的人民治病。現在我已拿到法學博士的學

位，也學到治病的基本學識，該
是我回饋舅舅和鄉里的時候了。」

　　哥白尼婉拒校長的好意，在
克拉科大學校園徘徊良久，這才
依依不捨的離開克拉科市，往法
朗堡奔去。

　　到了法朗堡，他先去探望安
德魯斯。安德魯斯自從由義大利
返家以後，由於臉部多處潰瘍，
自覺面目可憎，一直躲在家裡不
願見人。這會兒見哥白尼來看
他，不由得悲從中來，忍不住抱
著弟弟嚎啕大哭。

　　哥白尼對哥哥說了些安慰的
話，拿出安德魯斯的天宮圖仔細
研讀，然後面有難色的對他說：
「從你的天宮圖看來，你恐怕染
上麻瘋病了，這種病很難纏、不
容易治癒，目前我手上沒有可治
這種病的藥方。不過就我所知，
羅馬有醫生可治這種病，你不妨
考慮到那裡去一趟。」

安德魯斯聽了不語，哥白尼只好再說些安慰他的話，然後告辭離去。

離開安德魯斯後，哥白尼直奔舅舅的主教公署。

路克斯的主教公署在里斯堡，離法朗堡約有十哩遠。公署依里納河畔而建，是座宮殿形的城堡。由於當時波蘭王和條頓武士團仍呈敵對狀態，為了安全起見，城堡外築有護城牆和護城河，與城外小城相隔。

當哥白尼騎馬接近城堡時，遠遠就看見兩鬢已白的舅舅，站在護城牆外引頸而盼，期望著他的到來。

「歡迎你回來！」路克斯緊緊擁抱哥白尼，大大吁了一口氣。哥白尼摟著路克斯瘦削的身體，心裡則有些難過，不過幾年時間，舅舅已經蒼老了許多。

哥白尼和舅舅短暫寒暄後，

跟著舅舅走進護城牆，進入氣勢雄偉的華麗城堡內。再跟著舅舅上了樓，來到一間寬敞潔淨的房間內。

「以後你就住在這裡。這兒地勢高，視野好，既然你喜歡觀星月，住這裡再恰當不過。」路克斯說。

哥白尼非常感謝舅舅的精心安排，在主教公署住了下來，從此成為公署的一員。

雖然在職稱上，哥白尼是路克斯聘請的私人醫生。但在實質上，他扮演著舅舅的兒子、祕書、軍師、隨身保鑣、特別看護等多重角色。平常路克斯與外界往來的書信、文件，多半由他起稿、審核。每次路克斯外出遠行，他也一定隨侍左右。

里斯堡原本沒有醫生，堡內人員有了病痛，不是得千里迢迢到法朗堡看病，就是得大老遠的

把醫生請來，非常不方便，現在
有了哥白尼，大家都來找他，他
也儼然成了堡內的專屬醫生。不
但如此，他的親戚、朋友、同
學，以及慕名來找他看病的人絡
繹不絕。哥白尼心地善良，對上
門求醫的人一律來者不拒，遇見
窮困者，不但分文不收，還會給
他們錢。因此，大家都尊稱他為
「阿卡拉司＊再世」。

放大鏡

＊阿卡拉司　古希臘的醫神，相傳為太陽神阿波
羅與凡間女子科羅妮絲所生。阿波羅因天上事務繁忙，無暇陪伴科
羅妮絲，便派他的聖鳥烏鴉替他傳遞消息。結果烏鴉挑撥離間，讓
阿波羅誤以為科羅妮絲移情別戀，憤而用利箭將她射死。等他發現
自己弄錯，悲劇已經發生。悲痛下的阿波羅，為懲治搬弄是非的烏
鴉，把牠雪白的羽毛變成黑色，並奪去牠悅耳的說話能力，讓牠變
得只能嘎嘎叫。

科羅妮絲死了，兒子阿卡拉司沒人照顧，阿波羅不得已把他送給
住在山洞裡的人頭馬奇龍扶養。奇龍善良聰穎、精於藥草治病，阿
卡拉司不但得到牠的真傳，且青出於藍。但也就因為他的醫術精湛，
能用藥草醫治百病，使得地府亡魂遽減，這讓掌管地府的冥王爺很
生氣，跑到天神宙斯那裡告狀。宙斯認為阿卡拉司擾亂天庭秩序，
派雷霆神將他擊斃。阿卡拉司死後，人間百姓很傷心，建了不少廟
宇紀念他。據說很多人生病，到廟裡祭拜他後，常會在夢中不藥而
癒，阿卡拉司醫神的尊號，也就這樣代代相傳了下來。

　　哥白尼在里斯堡的日子雖然忙碌，但百忙之中，他仍抽空翻譯了一本希臘文學作品——由拜占庭時代的希臘歷史學家辛摩卡塔所寫的《札記》。哥白尼為了他這本處女作，特別情商克拉科大學教他希臘文的柯納斯教授替他寫序。柯納斯在序中雖然把他大肆吹捧了一番，1509 年出版的拉丁文譯本，仍因原作宗教意味過於濃厚，被一般學者評為「枯燥無味」，出版後的反應乏善可陳。

　　忙碌中，日子一天天過去。1512 年初春，波蘭王西琪門一世在克拉科舉行結婚大典，路克斯受邀前往觀禮，哥白尼如往昔般陪舅舅一同去。婚禮過後，哥白尼想多留幾天拜訪親友，便請隨從護送舅舅先行回里斯堡。

　　路克斯走後的第三天下午，哥白尼正和老友茶敘，門外突然

闖入一人，哥白尼認出他是主教公館內的家僕。

「主教病危，請您趕快回去吧！」家僕上氣不接下氣的說。

「什麼！」哥白尼大驚失色，訝然道：「幾天前他離開這裡時還好好的，怎麼……」

「主教在回公館途中，突然肚子絞痛，接著上吐下瀉，等勉強回到里斯堡，一直高燒不退。我們本來早就想來找你，但主教不肯，他說他只是吃壞了肚子，過幾天就會好，交代我們絕不可壞了你的遊興。可是主教現在已陷入昏迷狀態，我們害怕如果再不讓你知道，恐怕……」

哥白尼不等僕人說完，猛的站起往外奔出。儘管屋外大雨滂沱，他已顧不及穿戴雨具。一躍坐上馬背，一路揮鞭馳騁而去。

然而，他雖匆匆趕回，卻仍遲了一步，可憐的路克斯還來不

及見到他最鍾愛的外甥最後一面，便撒手人寰了。

「主教死時，面色發黑、七孔出血，我們懷疑他是被條頓武士在菜裡下藥給毒死的！」路克斯的隨從憂傷的向哥白尼報告。

「什麼！」哥白尼駭然，搥胸頓足，懊惱自己為什麼要在克拉科市逗留。「如果當初我陪舅舅回來，這椿悲劇也就不會發生了。」每當夜深人靜，懊悔不斷刺痛著哥白尼的心。但逝者已不可追，他也只有把懺悔埋藏在內心深處。

路克斯死後，哥白尼並沒有如大家所預期的接主教寶座。雖然路克斯刻意培養外甥接班，教廷也知悉哥白尼的博學多才與誠實耿直，但瓦米亞教區是個詭譎之地，需要的是位能屈能伸、能強能弱、有外交手腕的主教。哥白尼個性保守，又不願意得罪

人，並非主教的適當人選，因此並沒有把他列入考量之內。

　　路克斯辭世，新主教上任，哥白尼沒有理由再留在里斯堡。於是，他收拾起行囊，離開住了近十年的家，搬回法朗堡，履行他就任法朗堡教士以來，始終無法履行的職責。

6 教士生涯

　　哥白尼帶著幾分哀傷、幾分懊惱、幾分懺悔、也有幾分期盼的回到法朗堡，原本準備在這人口不及一千四百人的小鎮上止痛療傷，讓自己的心情沉澱下來。哪知晴天霹靂，沒多久，卻又面對了另一件令他進退維谷的傷感事。

　　一個9月的清晨。屋外，教堂的鐘聲莊嚴的響著。屋內，一片肅靜。

　　會議室裡的長桌前，零散的坐著九名教士，個個面色凝重。

　　「我建議撤銷安德魯斯教士的教士資格，並追回他為治病預支的薪水。」一位教士起立發言。

　　「你們不可以這樣！」原本孤獨坐在房間一隅的安德魯斯聞言，暴跳如雷的走了過來，大聲

咆哮道:「得這種病不是我的錯，你們不可以這樣懲罰我！」此次他為了參加舅舅的喪禮，不辭艱苦的由羅馬千里迢迢趕回，哪裡想到才待了沒多久，教會先是對他下達驅逐令，現在又醞釀中斷他唯一賴以為生的經濟來源，這豈非存心斷絕他的生路！

「你是醫生，應該知道麻瘋病是會傳染的，你真的忍心放任他在我們鎮裡隨意走動，把病傳給其他無辜的鎮民嗎？」一位教士氣極敗壞的說，把矛頭指向哥白尼。

哥白尼站起來，抿了抿嘴唇，息事寧人的回道:「安德魯斯這次回來是為了奔喪，過不久就會回羅馬。他在法朗堡停留的這段時間，我會密切注意他的病情，盡量不讓他和外人接觸。」瞥見安德魯斯那張坑窪不平的臉，哥白尼忍不住疼惜的替他辯解：

「不過就像安德魯斯說的，得這種病錯不在他，他也是無辜的受害者，我們實在沒有理由撤他的職，更沒有必要在這個節骨眼上落井下石，非逼他還錢不可。」

聽了哥白尼慷慨激昂的一番談話，教士們面面相覷，最後做成決議：安德魯斯教士職位保留，錢暫緩繳還，但必須在半年內離開法朗堡。

安德魯斯的問題解決後，哥白尼的生活總算恢復了平靜。他平日除了執行教士的職責──管理教民的生活、維持地方的安全外，剩餘的時間，都用在觀測與研究星象上面。

法朗堡內的教堂，建在一個淡水湖邊的山頂上，教堂由高高低低不同的建築物組成。由於當時波蘭與條頓武士團仍處於敵對狀態，為防禦條頓武士團的入侵，教堂外建有一圈堅固高聳的

護城牆，城牆外並掘有一條既深且寬的護城河。

哥白尼因為喜歡觀測天象，特別選了教堂內最高的樓塔作為居所。他把塔的一隅闢為觀測臺，在上面架上他自製的簡陋觀測儀器，一有空，就到那裡去觀測天象，看著星出星落，計算著它們的距離。

「唉，要是這裡的天氣再晴朗些就好了。」這一天，哥白尼隱隱約約看見水星由天上行過，但由於塔臺位在湖邊，湖中揚起濃霧，即使他睜大眼睛仍然看不清楚，不由得感嘆起來。

「你知道嗎？有時候我真羨慕托勒密。他在埃及尼羅河畔觀測星象，那裡的視野好、天氣佳，不像這裡成天起濃霧、塔的位置也不好，害得我到現在都沒觀測到水星和火星。」哥白尼偶爾會對他的好朋友基斯這樣抱怨

著。

1514 年，教皇里歐五世廣邀專家學者到拉特蘭大聖堂參加曆法改革會議，哥白尼也在受邀之列。不過他以手中資料不全、無法做出更好建議為由，婉拒出席。他的缺席並沒有引起教皇不滿，反而在兩年後，派他到法朗堡附近的奧森堡，負責治理奧森堡及平尼羅兩個小鎮。

哥白尼在奧森堡待了三年，兩鎮在他勤奮睿智的整頓下，日漸繁榮富裕。

「奧森堡與平尼羅兩鎮已能

放大鏡

＊不過抱怨歸抱怨，哥白尼還是很用心的在塔上觀測星象，而且一看就是三十年。他後來完成的《天體運行論》鉅著中的大部分資料數據，都是在這座塔中收集到的。那座塔屹立至今，後人為紀念他，把塔取名為「哥白尼塔」。
＊在哥白尼所處的時代，政教合一，宗教領袖也就是地方首長。教區內的教士，對上必須對主教、教皇以及波蘭王效忠盡職；對下則必須掌管及照顧地方居民的生活。比方地方商務的管理、土地糾紛的調解、地方治安的維持，以及地方官員的任命，都在教士的職責內。

自理自治，請允許我回法朗堡吧。」哥白尼因奧森堡觀測環境遠不如法朗堡，加上他的觀測儀器又都留在法朗堡居所，因此在兩鎮步上軌道後，請調回法朗堡。

哥白尼如願回到法朗堡，哪知大氣還沒來得及喘，突然平地一聲雷起，波蘭和條頓武士團間的戰事爆發，法朗堡瞬間陷入烽火連天的愁雲慘霧中。

前面說過，波蘭和條頓武士團一直處於對立狀態。1410 年，條頓武士團於天南堡之役敗給波蘭後，沉寂了很久，波蘭王對他們也睜一隻眼閉一隻眼，大家相安無事。1506 年，波蘭新王西琪門一世登基後，立即下令條頓武士團大頭目阿伯特向他稱臣，並繳納貢金。阿伯特悍然拒絕，西琪門一世震怒，準備興兵攻打他們。

當時在瓦米亞擔任主教的路

克斯，雖然一直憎恨條頓武士團欺壓波蘭人，但他清楚只要戰爭一起，首當其衝倒霉的是夾在中間的瓦米亞，因此慌忙出來滅火，極力勸說兩方冷靜。

在路克斯的安撫勸說下，西琪門一世的火氣消了，答應暫時按兵不動，表面上算是穩住了政局。

不料 1512 年 3 月 29 日路克斯去世了，新繼任的主教盧賽尼軟弱無能，條頓武士團見機又蠢蠢欲動起來。 1519 年，他們趁韃靼游牧民族從東亞入侵波蘭，弄得波蘭王焦頭爛額之際，出兵攻打瓦米亞，燒殺擄掠無惡不做。波蘭王因兵力有限，只能象徵性的派了少許軍隊前往瓦米亞救援。

不久，韃靼游牧民族戰敗退出波蘭，波蘭王這才重整兵力全力對付條頓武士團。兩軍以瓦米亞為戰場，足足打了一年半，打

的瓦米亞幾乎變成焦土一片。瓦米亞內的人死的死、傷的傷，房屋也被燒毀一空。後來阿伯特見自己的人也傷亡不少，遂在新占領的布尼瓦喊話，表示願意和瓦米亞談判。

當時瓦米亞主政的盧賽尼主教，是個膽小如鼠又貪生怕死的人，他自己不敢去談判，就想出一計，啞著嗓子對哥白尼說：「尼克拉斯，我人很不舒服，你就代表我去和阿伯特談判吧。」

哥白尼早已風聞阿伯特的心狠手辣，也清楚主教是在裝病，但又不便點破，只能猶猶豫豫的說：「主教，不是我不願意代表您去談判，只是聽說阿伯特這個人殺人不眨眼，我們此去有如羊入虎口，恐怕凶多吉少，很可能就回不來了。」

「那……你說我們該怎麼辦呢？」盧賽尼急得像熱鍋上的螞

蟻，他知道若是不派人去談，阿伯特鐵定會繼續殘害瓦米亞人。

「如果主教能說服阿伯特，簽下我們來去安全的保證書，我願意帶人去和他談判。」哥白尼退一步建議道。

盧賽尼接受哥白尼的建議，要求阿伯特親筆寫下保證書，保證哥白尼等談判代表人馬安全進出布尼瓦，阿伯特答應了，哥白尼等人這才拿著保證書成行。

到了布尼瓦，阿伯特軟硬兼施要哥白尼等人簽下同意書，同意瓦米亞從此隸屬於條頓武士團，效忠並聽命於他們。哥白尼當然不肯，談判因此破裂。阿伯特很生氣，但他事先已白紙黑字簽下保證書，保證哥白尼等的人身安全，因此縱使心中有一萬個不情願，也只好放他們回去。

哥白尼等人回去以後，阿伯特愈想愈生氣，便出兵攻打哥白

尼所在的法朗堡，放火燒屋，造成數百人無家可歸，居民紛紛逃到外地。法朗堡教堂因為有護城牆和護城河護衛，條頓武士團一時攻不進去，只好在城外叫囂。

「哥白尼，你已無路可走，快開城門投降吧！」條頓武士團在教堂護城河外嚷嚷了半天，見哥白尼就是不肯開城門，更不肯把護城河上通往外界的吊橋放下，索性把教堂團團圍住。

條頓武士團圍城圍了幾個月，一點進展都沒有。這時，又見波蘭的增援大軍逐漸逼近，阿伯特再次提出想和波蘭王言和的要求。

為表善意，阿伯特率先把軍隊撤離了法朗堡。

法朗堡教堂解圍後，哥白尼又被教皇派駐到奧森堡，協助處理當地的一切事務。那時瓦米亞轄區的土地，有許多已被條頓武

士團占領，遍處是死屍焦土。

　　不久，阿伯特和波蘭王談判破裂，又開始四處燒殺擄掠，很快便打到了奧森堡。

　　「哥白尼，快走吧，這些條頓武士可都是殺人不眨眼的！」教士們紛紛收拾細軟，和鎮民們匆匆走避。不少人規勸哥白尼一塊走，但他不為所動，帶著一名叫史雷伯格的教士，以及少許自願留下的隨從，堅守在教堂城堡裡。

　　「哥白尼，你已無路可走，開門投降吧！」條頓武士團在奧森堡城牆外高聲叫嚷，哥白尼就是相應不理。條頓武士團攻不進護城牆，只好又把城堡團團圍住。

　　這一天，哥白尼正在書房裡整理資料，史雷伯格急匆匆的闖入，興奮得有些語無倫次：「我們沒事了，沒事了！」

　　經哥白尼追問，才知道阿伯

特在神聖羅馬帝國＊皇帝的斡旋下，已答應向波蘭王稱臣，並答應將掠奪的城市村莊，逐一歸還給瓦米亞。

「哥白尼，你護城有功，理應獎賞。」波蘭王把哥白尼召到殿下，當面給了他很多賞金，並對他說：「戰爭結束，瓦米亞教區百廢待舉，本王想借助你的才華，任命你為瓦米亞教區總督，負責瓦米亞教區的重建工作。」

哥白尼雖然受寵若驚，但並不想接下這重責大任，在他內心深處，一心只想靜下心來研究天文，但波蘭王的旨意他哪敢違背，只好恭敬不如從命了。

哥白尼接下總督一職後，找

＊神聖羅馬帝國 962～1806年，為鄂圖一世在西歐和中歐建立的封建帝國，因為被教宗受封於羅馬，故名神聖羅馬帝國。當條頓武士團攻打奧森堡，哥白尼正感招架不住時，帝國的查理五世出來調解，說服武士團團長阿伯特向波蘭王稱臣，適時解除了哥白尼及奧森堡的危機。

來他的好朋友，也是他從前在法朗堡的同事基斯幫忙。

「瓦米亞經長年戰爭，農地無人耕作，糧食嚴重短缺。我們首先要做的，就是管制麵包價格，以防止商人哄抬價格。」基斯建議道。

哥白尼頻頻點頭，在基斯的協助下，他們除了管制麵包價格以防商人哄抬外，還制定同業工會規章，以防阻勞工受到欺壓；協助教民編列受損清單，以便向條頓武士團求償；並花了很多時間處理教民的土地糾紛，以及治安問題。

「現在各城鎮間的貨幣種類繁多，既不方便也容易造成物價上漲、通貨膨脹的弊端，我建議建造一個統一的鑄造廠，讓錢幣統一化。」哥白尼不止一次在城鎮會議中提出這個建議，但因各城鎮堅持保留自己的製幣權，以象

徵他們城鎮的獨立自主權，所以
這項措施始終沒能實現。

經過多年的努力，瓦米亞各
城鎮終於逐漸步上正軌。哥白尼
見自己該做的事都已完成，便請
求離開奧森堡，回到法朗堡教
區。波蘭王感念哥白尼對波蘭的
貢獻，立刻批准了他的請求。

7 功成身退

　　哥白尼回到法朗堡，住回他的老地方。當他環視周遭熟悉的環境，撫摸著心愛的觀測儀器，心中又是高興又是難過。

　　從他第一次踏進這個地方，一晃十多年過去了，在這十多年裡，他一直為工作忙碌奔波，很少有屬於自己的時間。而今戰事平息，重返舊地，他總算可以做點自己喜歡的事了。

　　然而，他卻也老了，親朋好友──包括他的哥哥安德魯斯，已一個個相繼辭世。如今唯一留在身邊可以談心的，只剩下他的老朋友基斯。

　　「你的書整理得怎麼樣了？」這天，基斯來看哥白尼，看他案頭堆疊的紙張資料，笑咪咪的問他。

「就快完成了。」哥白尼高興的說。

「整理好準備發表嗎?」基斯問。哥白尼連連搖頭,迭聲說:「不,不,我不準備發表。」

「為什麼呢?我看過你寫的《概論》*,覺得內容很精彩。你要是不把你的理論公諸於世,讓大夥一窺它的精髓,實在太可惜了。」基斯說。

「唉,我都一大把年紀了,不想找麻煩,更不想得罪教會。這書,還是寫給自己看吧。」哥白尼訕訕的說。

基斯明白哥白尼的顧慮,知道當今一般人,包括教會,都把「地球是宇宙的中心」當作正統的宇宙觀來信。此時哥白尼要是站出來,硬要說「太陽才是宇宙的中心」,除了會引起軒然大波外,恐怕還會因此得罪教會,認為他胡言亂語,視為是異端邪

說，那可就不太妙了。

　　想到這，基斯暫時打消勸哥白尼出書的念頭，不再說什麼。

　　一晃眼，又是好些年過去。瓦米亞教區在路克斯死後，先後換了好幾位主教。1537 年，當任佛伯主教去世，換上一位名叫丹提斯＊的新主教。

放大鏡

＊《概論》　是哥白尼在 1510 年左右所寫的小冊子，裡面首次透露他認為「太陽為宇宙中心」的想法。在小冊子中，他列舉了包括「地球不是宇宙的中心，而是月球軌道的中心」、「太陽日出日落現象，並非太陽繞地球，而是地球繞太陽所造成」等七個定律，日後他的成名作《天體運行論》便是根據這七個定律寫成。

　　《概論》是以匿名的方式發表，主要原因在於哥白尼擔心《概論》中「日心說」的理論不被接受，怕遭人嘲笑或非議。《概論》寫成後，哥白尼重新抄寫了十多份，分別寄給教過他的教授，以及一些知名的大學教授和天文學家。哥白尼在小冊子上雖然沒有署名，但看過內容的人，都知道作者就是哥白尼。

＊丹提斯　1485～1548 年，生於釀酒商之家，一生多采多姿，很小便從了軍，參加過波蘭軍和土耳其及韃靼的戰役；做過波蘭王的祕書、駐神聖羅馬帝國的特使；足跡踏遍義大利、希臘、阿拉伯、耶路撒冷。他雖素行不檢，沉迷女色，但聰明狡黠，懂得鑽營。他曾三試法朗堡教士職，皆未入選，直到 1529 年方才如願。翌年順利接掌庫米教區主教職位，並在 1537 年升任為瓦米亞教區的主教。他和哥白尼雖曾同為法朗堡教士，交集並不多。不知何故，哥白尼對他總是敬鬼神而遠之，不大理睬他。

丹提斯上任後，經常會到各鄉鎮視察。每回去，為彰顯他的威風，他總會找一、二位教士同行。這天，他找了哥白尼隨行。

兩人走呀走的，丹提斯突然停下來，目光炯炯的看著哥白尼問：「聽說你家裡私藏了一個女人，對不對？」

哥白尼被丹提斯突如其來的問話嚇住了，當場愣在那裡不知如何作答。

「她的名字叫安娜，對不對？」丹提斯緊跟著又問。

哥白尼面紅耳赤的看著丹提斯，不知該回答「對」還是「不對」。

「回答我呀！」丹提斯催促著。

哥白尼見紙包不住火，只好一五一十的說了。「我家確實住了一位女孩，她的名字也的確叫安娜，可是她不是我私藏的女

人，而是我的一位遠房親戚。她住在我家主要是為我打理日常瑣事，是管家，不是什麼私藏的女人。」

「我不管她是你私藏的女人，還是你的遠房親戚，你在家裡養女人就是不對。」丹提斯不悅的說。

「我沒有養女人，她真的是我的親戚。我的年紀這麼大，很多事都做不動了，身邊需要有人幫忙照料。她正好……」哥白尼企圖解釋，但被丹提斯制止。

「你不用再解釋，你我都明白，雖然我們天主教明文規定教士不能結婚，更不能有性行為，但現今在家裡養女人、養小孩的教士比比皆是，這根本不是什麼祕密！」丹提斯說著，突然緩和了語氣:「哥白尼，你是知道的，要是在從前，對這種事我可以睜一隻眼、閉一隻眼裝作不知道，但

自從 1517 年馬丁路德＊發動宗教改革＊以來，要求我們教會改革內部腐化的聲音四起，我要是再不大刀闊斧制止這種不檢行為，我們教會恐怕很快就會被他們路德教派給淘汰了。」

放大鏡

＊**馬丁路德** 1483～1546 年，生在德國一個礦工之家，原本打算照父親的意思做律師，但 22 歲那年他差點被雷打死，危急中他許願：只要大難不死，願意成為傳教士。在他度過危險後，果真信守承諾進了修道會。

1517 年，馬丁路德因不滿教會販賣贖罪券斂財，在威登堡教堂大門上貼了張布告，列舉教會九十五條罪行，要求教會裡的人出來公開辯論，但卻得不到回應。於是他出書繼續抨擊，要求教會改革，這下終於惹火教皇，下詔要他悔改。

馬丁路德接到詔書，非但不認錯，反把詔令燒毀，氣得教皇立即撤銷他的教士職位，並要德皇查理五世出面懲處他。

查理五世認為馬丁路德的言行偏激，便以異端分子的罪名下令捉拿他，並把他的書全部禁了。他在朋友的幫助下，暫時隱居起來。後來，他見改革有失序現象，只得再次「出山」。不過他因為是罪犯身分，只能偷偷做些授業與著書的工作，並不敢在外公開活動。他在威登堡一直住到 1546 年去世為止。

＊**宗教改革** 歐洲各國於 15、16 世紀期間，由德國傳教士馬丁路德帶頭，要求教會改革其腐敗現象的運動。改革後的教會分成兩派：一派為原有的舊教派，也就是天主教，教民臣服教皇、遵守舊教義；另一派為力圖掙脫教皇統治，認為唯有《聖經》才是信仰根源、才是真正權威的路德派。路德派的教民稱自己為新教徒。

「可是……」

「好了，你不要再說了，這件事沒有通融的餘地，我要你盡快把那個女人送走！」丹提斯提高音量說。

哥白尼見丹提斯動了怒，不敢再說什麼，只好強顏歡笑陪他巡視完全程。

回到家的這些天，哥白尼見了安娜，幾度想張口，卻怎麼都說不出要她走的話。

「老爺子，您怎麼了？這幾天看您茶飯不思，是不是身體哪裡不舒服？要不要替您請醫生來看看？」安娜見哥白尼一連幾天都愁眉苦臉的，有些擔憂的問。

「傻丫頭，我就是醫生，妳還要去請什麼醫生！」哥白尼笑道，愛憐的看著安娜，心想這幾年幸虧有安娜陪著，照顧他的生活起居，替他排憂解悶，否則以他一個六十歲的孤單老人，日子

怎麼過呀。

「哦，我一急，就忘了。」安娜咯咯的笑，看見哥白尼的眉頭又皺起，撒嬌的說：「那您到底怎麼了嘛！為什麼那麼不開心？」

「丹提斯已經知道了妳的事，他要我立刻把妳送走。」哥白尼想：長痛不如短痛，心一橫把事情一口氣說了出來。

「我不要，我不要離開您，求您不要把我送走好不好！」安娜一聽，撲通一聲跪倒在地，苦苦哀求著哥白尼，豆大的淚珠順著她的兩頰流下。

「安娜，起來，妳起來！」哥白尼急急扶起安娜，難過不忍的說：「我也捨不得把妳送走，可是丹提斯很堅持，我要是不把妳送走，他決不會放過我的。」

「他會把您怎麼樣？又能把您怎麼樣！」安娜生氣的說。

「我不知道。安娜，我老

了，禁不起折磨呀！」哥白尼無奈的說。

「那……您把我藏起來，就跟他說您已經把我送走了。」安娜天真的說。

哥白尼搖搖頭，無助的看著安娜：「那是不可能的，我都想過了，那是不可能的！我要不真把妳送走，丹提斯絕不會和我善罷甘休的。」

哥白尼嘴裡說著，心裡還真是不捨。他找了各種理由搪塞，遲遲沒把安娜送走。丹提斯見哥白尼拖延半年還沒採取行動，顯得相當不高興，對他下了最後通牒，警告他再不從命，教會將強制執行。

哥白尼心裡明白，教會腐敗是宗教改革的主要原因，為與新教競爭，昔日的寬容時代已經結束。於是，他只好在安娜的啼哭聲中，依依不捨的把她送走。

喜得知己

　　安娜走後，哥白尼的心情跌落到谷底，他對自己無端成為宗教改革後的受害者，感到萬般無辜與無奈。沒有安娜做伴，哥白尼的日子更加孤寂，他平日除了偶爾出外看看，大部分的時間都待在家裡看書。

　　「有位德國來的客人求見。」

　　這天，哥白尼正坐在書房，眼睛盯著書本，心裡卻想著安娜發呆時，家僕前來通報。

　　「德國？」哥白尼顯得有些吃驚。前不久他才接到米朗克蓀＊

放大鏡

＊米朗克蓀　1497～1560 年，出生於瑞士，21歲就在德國威登堡大學教書，一教教了 42 年，直到他去世為止。他是宗教改革領袖馬丁路德的好友，受馬丁路德之託重組德國教育系統。米朗克蓀雖然是新教徒，但作為一位教育學家，思想上比較開放，對哥白尼反傳統的日心說也比較能夠容忍。他很欣賞瑞提斯做學問的精神，在瑞提斯想見哥白尼這件事上，助了一臂之力。

的來信，說有一位名叫瑞提斯＊的德國大學教授，對他日心說的論述很感興趣，想向他當面請教，並已由德國啟程。沒想到信才接到沒多久，他人已經到了。

哥白尼走到前廳，看見一位年約二十來歲的年輕人由椅子上站起，心中又是一驚，暗想：「這人怎麼這麼年輕！他會是那位大學教授嗎？」

「我叫瑞提斯，來自德國威登堡。」年輕人趨前一鞠躬，自我

放大鏡

＊瑞提斯　1514～1575年，生於奧地利，本姓朗程。14歲那年，做煉丹師的父親被冠以巫術之罪而遭到砍頭。從那之後，他就把姓改為瑞提斯。

瑞提斯在父親友人的資助下，先後留學瑞士及德國。1536年取得德國威登堡大學碩士學位後，便留在威登堡大學擔任教授，教授數學及天文學。

瑞提斯酷愛天文，對哥白尼及日心說時有所聞，一直想見哥白尼一面，當面向他請教日心說的種種。但是當時正值宗教改革時期，新舊兩教派正處於水火不相容的狀態，身為新教徒的瑞提斯，想要到舊教區會晤天主教徒哥白尼，真是談何容易。

1539年5月，瑞提斯在米朗克蓀的協助下，終於一償心願，由德國出發前往波蘭。

介紹道：「我在威登堡大學教天文學，對星象研究非常有興趣。我久仰您的大名，知道您是當今天文學界有名的大師，也聽說您對現今宇宙觀有不同的見解，所以特來向您討教。」

哥白尼聽瑞提斯這麼說，不免喜上眉梢，連忙請他坐下，吩咐家僕端來茶水。

兩人就那樣促膝長談起來。

「如果您不嫌棄，我希望能有榮幸留下，仔細拜讀您的作品，並能當面向您請益。」瑞提斯誠懇的要求道。

哥白尼見瑞提斯和自己雖然年齡相差甚多，但兩人倒是一見如故，尤其見他對自己和自己所倡導的日心說，似乎知之甚詳。在垂暮之年還能得到如此知音，他豈有不受寵若驚的道理。但是，他卻不敢收留瑞提斯。

「您不答應？」瑞提斯有些意

外。

「我不是不願意留你，而是不能也不敢留你。」哥白尼說，繼之解釋：「在你來我這沒多久前，我們這裡的丹提斯主教才頒布了一道命令，明文規定不准新教徒進入瓦米亞教區。如果我沒弄錯，你是新教徒，對吧？」

瑞提斯點點頭。

「所以，為了你的安全，你不但不宜在我這裡多逗留，連瓦米亞教區都最好不要待太久，免得有性命危險。」哥白尼邊說，邊拿出紙筆，在紙上振筆直書，然後將紙折疊好，交給面露失望之色的瑞提斯。

「你帶著我的信去見基斯主教，他是我的好朋友，也是離這兒不遠的庫米教區的主教，他見信後會替你安排一切。」哥白尼說。

瑞提斯轉愁為喜，連聲說謝

謝，帶著哥白尼借給他的資料，以及給基斯的信函，往庫米教區行去。

基斯見信後，馬上邀瑞提斯在他家住下。

瑞提斯住在基斯家，花了三個月的時間，終於弄通哥白尼的理論後，驚為不可多得的曠世之作，興起想要遊說哥白尼出書的念頭。

「他『太陽為宇宙中心』的理論，顛覆了我們老祖宗千餘年來相傳『地球為宇宙中心』的宇宙觀，真的很不同凡響。我很欽佩他的想法，既新穎又很科學。他應該把他的理論公諸於世，讓更多的人有機會來探討他的理論。」瑞提斯對基斯說。

「我也跟他這麼說過，但他就是不肯。你也許不清楚他的為人，他這人個性保守又謙遜，非常不喜歡做會引人非議的事，更

不願意得罪他終身侍奉的教會。」基斯體諒的說。

「我明白你的意思，現在大家都認為亞里斯多德、托勒密的地心說才是正統的宇宙觀，他要推翻這種根深柢固的觀念，要人相信太陽才是宇宙的中心，可以想見會遭到很多不友善的攻擊。」瑞提斯說。

「這還事小，就怕教會把他的日心說歸類於離經叛道的異端邪說，對他有所不利，這才事大哩。」基斯說。

「可是他的理論這麼棒，不發表出來讓大家了解、探討，不單埋沒了他這個人才，也是我們天文學界的損失哩。」瑞提斯說。

「我有同感，可是要他去除顧慮，毫不保留的把理論發表出來，恐怕不容易。」基斯嘆口氣說。

「我們可以試呀，你說他不

聽，我勸他不依，我們兩個人合起來一起勸，說不定他就願意了。」瑞提斯興奮的提議。

基斯想想也對，便和瑞提斯你一句、我一句的勸哥白尼。

在兩人不斷遊說、慫恿下，哥白尼終於鬆口，同意出書。

「我先和你們說好，要出書可以，但只能發表有關數據的部分，其他有關理論的部分我要保留。」哥白尼開門見山的說。

「若只發表數據不談理論，有幾個人能看得懂？」基斯極力反對。

兩人各持己見，出書計劃因而打消。

「我看這樣吧，既然哥白尼不肯出書，就由我來代筆寫好了。」有一天，瑞提斯突然對基斯這麼說，嚇得基斯張口結舌直說不可。

「你別緊張，我不會假借他

的名義來寫，我準備用第三者的立場介紹他的理論。我這樣做，主要想試試大家對他理論的反應。如果反應不錯，他就不用擔心遭人批評，自然也就願意出書啦。」瑞提斯說。

基斯想想，覺得主意不錯，同意瑞提斯放手去做。瑞提斯便以書信體的方式，出了一本名為《天體運行摘要一》的小冊子。在小冊子中，他以極其淺顯的文字，解釋哥白尼的理論。

為了減低學者、教會對哥白尼的敵意，瑞提斯在小冊子中，特別強調哥白尼對先賢及古代文學的重視與尊敬，再三表示哥白尼並不是故意要和亞里斯多德或托勒密等人作對，他只不過是實事求是，想把事情弄清楚罷了。

瑞提斯把小冊子取名「摘要一」，主要是他在冊中只介紹了哥白尼有關地球運行的部分，至

於其他部分，他打算看「摘要一」出版後的反應，再決定要不要出「摘要二」或「摘要三」。

1539 年秋天，瑞提斯的《天體運行摘要一》完稿。他把稿子交到出版社後，即回威登堡大學繼續授課。

「怎麼樣？哥白尼，您改變心意沒有？」1540 年，瑞提斯趁著暑假再訪法朗堡，見到哥白尼，當著基斯的面問他。

「改變了！你的《天體運行摘要一》出版後，反應熱烈，好多專家學者都來信鼓勵他出書，甚至有大主教來信問他要資料哩。」基斯興奮的代答。

「是嗎？這麼說，我的『摘要二』也不用寫啦。」瑞提斯笑著說。

「你是可以不用寫『摘要二』，可是你也不會清閒的唷！」基斯詭譎的說。

「為什麼?」瑞提斯睜大眼睛問。

「因為我年事已高,體力精力都不足以應付出版的瑣事,出書的事,恐怕得麻煩由你代勞。」哥白尼看著瑞提斯,笑著對他說:「還有,我的手稿有的放太久,有的改太多,字跡可能有些模糊不清,這些都要請你花功夫重新抄寫。」*

「沒問題,我恭敬不如從命,只要您把出書的資料拿給我,其餘的事就交由我來辦好了。」瑞提斯爽快的說。

見瑞提斯一口答應,哥白尼和基斯都鬆了一口氣,三人相視而笑!

放大鏡 ── *哥白尼《天體運行論》的手稿,在失蹤數百年後,如今在捷克斯拉夫首都布拉格的圖書館中找到。手稿用拉丁文寫成,標題用紅色筆寫。手稿經過多次塗改,顯見哥白尼的理論是逐漸形成的。

9 不朽之作

　　哥白尼心緒紊亂的倚在窗邊，幽幽的遙望烏雲密布的天際。今夜的天氣陰冷，天邊連半個星兒的影子都看不見。

　　在窗邊待了會兒，哥白尼緩緩走回書桌前的椅中坐下，拿出紙筆，理了理頭緒，低頭開始寫獻詞*。

親愛的聖父：

　　我可以想見，當有些人聽說我在這本談論天體運行的書裡頭，賦予地球某種運動本能時，一定會大嚷大叫的，認為我這個人和我的理論都極其無聊，應該嚴加排拒……。*

哥白尼邊寫，邊想著瑞提斯說的那番話。

「據說當今教皇保羅三世對天文很有興趣，你就寫篇獻詞恭維他一下，把你出書的功勞都歸功於他，順便把你出書的心路歷程和他說說，爭取他的諒解與認同，只要能將他說服、博得他的支持，將來書出版後，就不怕有人敢對你蜚短流長，或對你做出不利的事來。」瑞提斯出著主意。

「爭取教皇的支持？」哥白尼先是一愣，後經仔細思量，覺得瑞提斯的主意還真不錯。雖然他日心說的理論，經由瑞提斯《天體運行摘要一》小冊子的傳播，得到不少學者專家的讚賞和鼓勵。紅衣主教＊史克伯格甚至差

＊獻詞　作品前面，作者有時會寫些感謝詞，感謝某人對他的影響或協助，才使該作品能順利發表。這些感謝詞，我們稱之為獻詞。

＊托勒密的「地心說」，認為地球恆久固定不動。哥白尼的「日心說」，則認為地球不但會繞太陽公轉，也會自轉。

＊紅衣主教　就是所謂的樞機主教，是羅馬天主教職權僅次於教皇的神職人員。

人送了封信給他，除了稱讚他博學多才、敦促他出書外，還說願意花錢買他現有的作品、星曆表以及相關資料。

想到這，哥白尼停下筆，由抽屜中翻出史克伯格的信，打開重看一遍。他一面看，一面露出欣慰的笑容。

「將來出書時，我要把這封信附入一併發表。」哥白尼想著，把信擺在桌上醒目的地方，準備待會和獻詞一起拿給瑞提斯。

不過，哥白尼轉念又想，日心說理論的傳播，雖然替他帶來一些佳評，但也替他帶來更多的中傷與毀謗。例如有一次他到鄰鎮參加慶典，看見遊行隊伍中，有人穿上教士服，身邊跟著酒鬼和瘋子，用以嘲諷他「腦袋有問題」。另有一次，他看見有人以「一個人用手指一點地球，地球就像舞神般旋轉入天」的話劇，

來諷刺他理論的荒謬。

　　也就因為這些人的詆毀，讓他毫不考慮的接受了瑞提斯的建議。＊

　　「……為了怕遭人批評與毀謗，我將出書計劃擱置了不止九年，而是四個九年。但在紅衣主教史克伯格、以及好友基斯主教等人的鼓勵與督促下，我這才誠惶誠恐的同意將理論公諸於世……」哥白尼拿起筆往下寫，想到自己過去所受的冷嘲熱諷，他委屈求全的心情，一下子全宣洩在字裡行間。

　　「……日心說的創立，是我無心插柳的結果……」哥白尼繼續寫著。其實，當初他根本沒有

放大鏡

＊瑞提斯攻心為上的建議的確奏了效，教皇保羅三世看了獻詞，非常高興，在《天體運行論》出版後，縱使撻伐聲四起，反對者眾，他並沒有採取任何禁止行動。《天體運行論》一直到 1616 年，才被天主教會列為禁書。

想要推翻地心說的意思，他只不過是在研究地心說的過程中，發現一些不合理、與他觀測數據不符合的地方。比方說，如果照托勒密的理論，地球真的是宇宙的中心，眾星繞著它運轉，眾星應該一直向前順行才對。可是他卻觀察到金星有倒退逆行的現象。此外，他在波隆納大學唸書時，教天文學的諾瓦拉教授也曾質疑過「地球靜止不動、且為宇宙中心」的正確性，凡此種種，都激發他想探索真相的決心，迫使他不得不由古書中去尋求解答。

　　哥白尼花了很多時間，讀遍了古代天文學家的著作，發現阿利斯塔克*、菲洛勞斯*等人，都曾有過「地球自轉」、「地球繞太陽運行」的論述。經他仔細研究這些人的理論，認為甚合邏輯，因此就朝這兩個方向進行研究。經過數十年的觀測與探索，

他終於做下「太陽才是宇宙中心」的結論。

哥白尼經過三天的思量、斟酌、修改，寫給教皇保羅三世的獻詞終於完成。

獻詞寫好後，他吁了一口氣，伸了伸懶腰，走到書房的另一頭，將獻詞交給正蹲在木箱旁整理資料的瑞提斯。

那個木箱裡面放著的，全是他這幾十年來陸陸續續寫的文章、收集的資料，以及觀測的記載。

放大鏡

＊**阿利斯塔克**　西元前 310 ～前 230 年，是希臘天文學家，也是第一個主張地球環繞太陽運行的人。在他的著作中，明白寫著「地球繞太陽運行」、「太陽和恆星固定不動」。只是他的想法超越他的時代太多，像曇花一現，並沒有引起任何漣漪。

＊**菲洛勞斯**　西元前 470 ～前 438 年，是希臘哲學家，也是有名的科學家。他認為地球太渺小，不可能是宇宙的中心。宇宙的中心應該是一個大火團，所有的天體（天體：天空星辰如恆星、行星、衛星、彗星、流星、星雲等的總稱），包括地球都繞著大火團轉。我們看不到火團，是因為地球本身也會轉，使得我們永遠背對著它的緣故。

「這本書的內容，前後順序，您預備怎麼安排？」瑞提斯問。

「除了獻詞、紅衣主教史克伯格寫給我的信之外，我想把整本書分為六部分，由日心說的基本觀念、球面與地平天文學，以及太陽、月球、各行星的運動等依序介紹下去。中間再穿插一些數據、圖表，以及星球的目錄表。」*哥白尼如數家珍的說。

「我看您在書中，畫了好多圖表，使得理論看起來好懂得多。您這種以圖表代替文字的寫書手法，讓我非常敬佩。」瑞提斯肅然起敬的說。

哥白尼大笑：「你過獎了，我

放大鏡 ＊哥白尼在第二部分的結尾，附有一個星球分類目錄表，標明千餘種星星在天空的位置。目錄表內的資料，其實大部分是從托勒密《天文學大全》一書中抄出來的，哥白尼只做了少許的修正而已。事實上，四百多頁的《天體運行論》書中，屬於哥白尼自己觀測的紀錄只有二十七項。

這種寫法，靈感可是來自畢達哥拉斯＊老前輩。他主張以簡單的幾何圖形、或數學關係，來表達宇宙的規律性。你看，在〈天體排列的次序〉這一章裡，讀者一看這圖表，就知道天體排列的次序：最外面的是恆星，其次為土星、木星、火星、地球、金星和水星。太陽位於宇宙中心，靜止不動。」哥白尼抽出一張紙，指著上面的圖表得意的說，瑞提斯在旁頻頻點頭稱好。

「我是個以科學治學的人，相信數字和證據，我創立日心說，堅信宇宙的中心是太陽而不

＊**畢達哥拉斯** 西元前 582 ～前 507 年，是希臘著名的哲學家及數學家。他首創地圓說，認為日、月以及金、木、水、土、火五大行星，都是浮懸在太空中、沿著圓形軌道運行的球體。畢達哥拉斯相信數字主宰結構，以及所有大自然的運行；哥白尼是在義大利唸書、研究古希臘哲學和天文學著作時，讀到他的理論和學說，對他有了進一步的了解。「數學是了解宇宙的必要工具」的想法，成了指引哥白尼以科學研究天文學的概念之一。

是地球，並不是想標新立異，或存心和哪個人作對。我只不過是實事求是，竭盡全力找出事實真相而已。希望這本書出版後，能引起後起之秀繼續探討的興趣，也不枉我這三十多年所下的苦心。」哥白尼感觸良多的說。

「您放心，您的心血絕不會白費的。」瑞提斯信心滿滿的安慰道。哥白尼感激的點點頭，轉身回房休息去了。

10 溘然長逝

「怎麼樣，稿件整理進展得如何？有沒有什麼問題？」

這天，哥白尼走進書房，看見滿地滿桌鋪放的紙張文件，對捲袖埋頭抄寫的瑞提斯關心的問。

瑞提斯抬頭，對哥白尼笑了笑說：「沒問題，一切進行得都很順利，您的手稿我就快謄寫完畢，數據我也都核對過了，除了有些小地方需要修正外，其他的地方都沒有問題。」

「真難為你了，為了替我出這本書，害你得躲在我這小房間裡兩年，除了工作哪都不能去。」哥白尼過意不去的說。

「沒關係，這是我心甘情願做的。能夠為您這位一代天文學大師效力，是我的榮幸，我高興

都來不及了，哪會覺得難為！」瑞提斯說著，從地上撿起一張地圖，交到哥白尼手中。

「您看，這是普魯士及附近地區的地圖，我已經繪製完成，準備送給阿伯特公爵。」瑞提斯得意的說。

哥白尼有些不解的看著瑞提斯。

瑞提斯笑道：「拍他馬屁呀，將來您這本書，我準備到紐倫堡一家專門出版天文學書籍的出版社出版。紐倫堡是路德教派的地盤，我怕他們不願意出舊教徒寫的書，所以希望借用阿伯特的權勢，幫您說幾句好話疏通疏通，將來出書時會比較順暢些。」

「你真是設想周到。但阿伯特幫得上忙嗎？」哥白尼問。

「他曾是條頓武士團的團長，十多年前改信了路德新教，他在德國可是很有權勢的，只要

他肯出面，我想出版社應該就不會刁難。」瑞提斯胸有成竹的說。

「很好，很好！」哥白尼連聲讚美，轉身準備離去，卻被瑞提斯喚住。

「哥白尼，依我估計，再過幾天書稿就會完成，到時我想回威登堡一趟，處理一些私事。稿子我會帶著走，等我事情處理完，就會直接到紐倫堡和那邊的出版社洽談。」

「一切就請你多幫忙了。」哥白尼說。

1541 年 8 月，瑞提斯回到威登堡，本來只打算停留幾天，沒想到卻被學校擢升為系主任。這麼好的機會瑞提斯當然不願意放棄，於是寫了封信向哥白尼道歉，表示出書之事必須順延到隔年。哥白尼年老體衰，一時也找不到替代的人，只好勉為其難的接受。

　　隔年暑假，瑞提斯系主任任期一滿，便帶著哥白尼的書稿前往紐倫堡。

　　哪知當他與沖沖趕到紐倫堡，找到那家有名的出版社時，卻被一群不知從哪得到消息的新教徒擋在外面不准他進屋。

　　「瘋子！」「異端邪教！」「想改變世界的狂人！」

　　群眾對著瑞提斯尖聲吶喊，並威脅出版社若接受他出書的要求，將放火燒掉出版社。所幸社方事先接獲阿伯特公爵的關說信函，早已做了準備，強行驅逐聚集人群，並允諾出版哥白尼的書。

　　「我們就將書取名為《天體運行論》，你看如何？」出版商皮崔斯看了哥白尼寫的篇章目錄，詢問瑞提斯的意見。

　　「《天體運行論》？」瑞提斯略微思索，覺得書名不錯，便一

口答應了。

　　為了就近監督出書事宜，瑞提斯在出版社附近租了一間小屋，每天在校稿及與皮崔斯商談出書細節中忙碌。

　　在小屋住了沒幾天，有一天瑞提斯接到一封信，立刻讓他陷入苦思。

　　那是來自瑞吉格大學的聘書，該校數學系希望能網羅他做系主任。

　　「這麼好的差事要我放棄如何捨得？但，《天體運行論》已接近印刷出版階段，我也不能丟下不管。魚與熊掌不能兼得，我現在該怎麼辦呢？」瑞提斯著急得在房裡踱著方步。突然，他靈機一動，想到他在紐倫堡一位做牧師的朋友，或許他能幫他的忙。

　　「瑞提斯，好久不見，什麼風把你吹來的？」奧森德牧師見到瑞提斯來訪，有些意外。

「哥白尼風。」瑞提斯開玩笑的說。

「什麼意思?」奧森德不解的問。

「我這次到紐倫堡來,主要是幫哥白尼接洽出書的事。」瑞提斯答。

「什麼書?」奧森德問。

「一本有關天體運行的書。」瑞提斯答,接著轉入正題,說明他的來意。

「我一直想到瑞吉格大學教書,現在機會好不容易來了,放棄實在可惜。但是《天體運行論》已到最後校對階段,沒人負責也不行。」瑞提斯煩惱的說。

「所以你希望我接下你的棒子?」奧森德問。

「你願意幫我這個忙嗎?」瑞提斯問。

「當然願意,哥白尼我也認識,過去還跟他通過幾封信,也

算是朋友了。朋友的忙，我當然要幫。」奧森德爽快的說。

瑞提斯見奧森德答應了，千謝萬謝，隔天便把書稿拿去給奧森德。

瑞提斯走後，奧森德把他留下的稿子看了又看，愈看愈覺得不妥。

「這哥白尼的膽子還真大，竟然敢說宇宙的中心是太陽，他真不怕惹禍上身呀。不行，我得想個方法補救才是。」奧森德自言自語的說。

奧森德在房中走來走去，左思右想，終於想出了一個辦法。於是，他拿出紙筆，洋洋灑灑的寫了下去。

1542 年 11 月，一本《天體運行論》的樣本寄達基斯的手中。他興奮的打開準備細讀，哪知才讀了一頁，便氣得把書摔下大罵:「這瑞提斯到底在搞什麼鬼！」

　　原來，奧森德怕哥白尼「太陽才是宇宙中心」的理論替他招惹麻煩，自以為好心的加上一篇他自己寫的短序。在短序中，奧森德輕描淡寫的表示書中的理論「只是臆測，不一定是真的，甚或是可能的」，並強調這些理論「只是一種假設，目的在簡化計算，並不表示地球真的會繞太陽運轉」；更糟糕的是，他在序尾並沒有署名，使序文乍看之下，很容易被人誤以為是哥白尼寫的。

　　基斯罵過後，想到哥白尼很可能也接到這本樣本書，怕他承受不了這個刺激，匆匆忙忙趕到哥白尼的住處。

　　「你家老爺呢？」基斯問應門的僕人。

　　「老爺剛才不知道為什麼大發雷霆，氣得人發抖腦袋也痛，現在正在屋裡躺著休息哩。」僕人

小聲的說。

　　基斯走進臥室，看見哥白尼疲軟的躺在床上，臉上怒氣未消，《天體運行論》被甩在地上。

　　「你也看見了。」基斯撿起書輕聲的勸:「你也不必太生氣，自己的身體要緊，這件事就交給我來處理。」

　　基斯勸了哥白尼一會兒即告退。回家後，他十萬火急的寫了一封信給瑞提斯，很不客氣的命令他「馬上出面解決，叫出版社立刻撤下短序!」

　　「這奧森德是怎麼了，怎麼給我捅了這麼大的紕漏，現在該怎麼辦呢?」瑞提斯接到基斯興師問罪的信，知道禍闖大了，但書的字版已經排好，現在就算出版社願意撤，恐怕也來不及通知他們了。

　　「算了，就裝作沒有接到基

斯的信，不理他算了。」瑞提斯想不出補救的辦法，加上他教書的工作繁忙，對基斯的要求乾脆來個置之不理。

1543 年 5 月 24 日，屋外刮著強風、下著大雨，屋內也是愁雲滿布。

哥白尼氣息奄奄的躺在床上，床邊站著他幾十年的老朋友基斯。

「哥白尼，你再撐著點，他們就快回來了！」基斯握著哥白尼的手，頻頻回頭望著臥室的門口。

突然，外面一陣騷動，家僕握著一本書，匆匆跑進臥室，將書交給基斯。

基斯接過書，輕輕塞入哥白尼的手中。

「哥白尼，你看，這是你的書，它出版了，它終於出版了！」基斯哽咽的說。

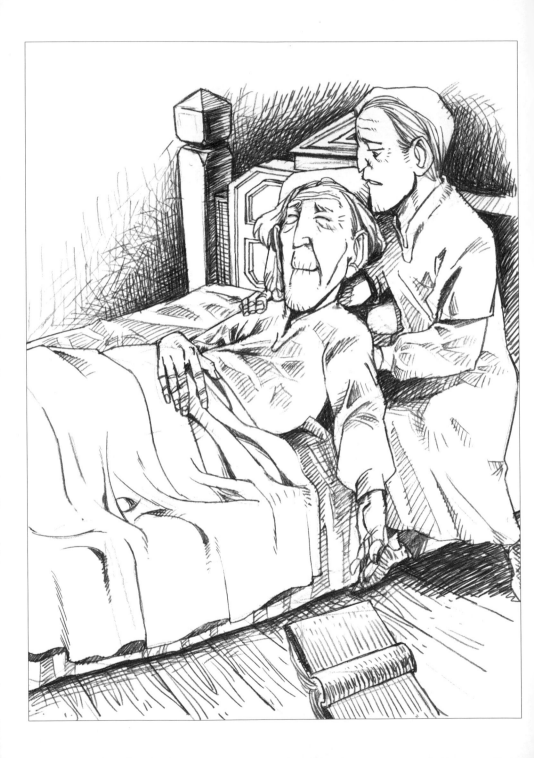

　　哥白尼捏了捏書，眼光望向基斯，嘴角嚅動著，兩行眼淚順著面頰而下。然後，他緩緩合上雙眼，手一鬆，碰的一聲，書掉落到地上⋯⋯。

結 語

　　哥白尼死後，他的嘔心瀝血之作《天體運行論》並沒有如他所希望的引起共鳴。反之卻像他所擔憂的遭到了新舊兩教派的交相指責。新教領袖馬丁路德就毫不客氣的批評他的理論荒謬無稽，諷刺他是個「占星學的菜鳥，妄想證明地球不但自己會轉，還會繞太陽轉。他的這種想法，好像一個坐車乘船的人，認為自己靜止不動，動的是經過的路和路邊的樹。」怒斥他「自以為很聰明，一定要找些新花樣來證明他比別人強。這個笨蛋，想把我們天文學界搞得天翻地覆才肯罷休！」

　　至於他終身服務的天主教會，因為有奧森德那篇強調「理論只是臆測，不一定是真的，甚

或是可能的」序文，加上教皇保羅三世力挺，教會在 1616 年才把《天體運行論》列為禁書。但教會沒有立即禁掉他的書，並不表示認同他的理論。相反的，教會自文藝復興運動及宗教改革以來，已元氣大傷，對有反傳統、具革命性的思想，總是竭盡所能的予以封殺。

正因為如此，哥白尼之後，他的日心說理論成了毒蛇猛獸，凡是相信他理論的人，都遭到嚴厲的懲罰，布魯諾＊和伽利略＊就是兩個最典型的例子。

不過，哥白尼的理論初時雖被教會打壓，也不為一般科學家和天文學家接受，但卻給有志研究天文的人一個思考的空間，指引他們一條以科學和天文學結合的研究之路。也因為有哥白尼這位開路先鋒，才使後繼的科學家如雷侯德＊、伽利略、牛頓，乃

至於愛因斯坦，根據他的理論學
說，有了《普魯士星表》、「望
遠鏡」、「地心引力」、「相對
論」等促進科學更上一層樓的發
明與發現，也才有了科學突飛猛

放大鏡

＊**布魯諾** 1548～1600年，是義大利的哲學家
及天文學家，因為贊成哥白尼的日心說，否定上帝的存在而不見容
於教會，被迫從29歲起即踏上流亡之路，住過法國、瑞士、英國、
德國等地。43歲因想家，悄悄返回義大利，隔年遭人告發被捕，經
過漫長八年的審訊折磨，由於抵死不肯認錯，於1600年2月19日，
被宗教法庭用慘無人道的火刑，燒死在羅馬百花廣場。

＊**伽利略** 1564～1642年，是義大利人，父親希望他當醫生，他
卻走上發明之路。他的發明很多，其中最有名的是天文望遠鏡。他
在40多歲時，因著書推翻托勒密「地球是宇宙中心」的理論，並推
崇哥白尼「日心說」的論述，受到教會嚴重警告。他因布魯諾的前
車之鑑，不得不暫時噤聲歇筆。

　　直到1622年，他的一位好友登上羅馬教皇寶座，他以為至此有恃
無恐，便寫了《兩種世界體系的對話》一書，以宣揚哥白尼的日心
說，沒想到書才出版，他就被教廷以「叛徒」的罪名關進牢獄。他
因不願像布魯諾一樣冤死，只有乖乖低頭認罪，算是撿回一條性命，
但仍被終身監禁在家。

＊**雷侯德** 1511～1553年，是德國天文及數學家，也是瑞提斯在
威登堡大學的同事。他依據日心說的模型（太陽在宇宙中心，外面
依序環繞著水星、金星、地球、火星、木星、土星），並參照《天體
運行論》中的計算，編製一本測定星星位置及出現時間的《普魯
士星表》。《普魯士星表》於1551年在阿伯特公爵贊助下出版，此表
的精準度相當高，證明了哥白尼的理論可行。

進的今天。

　　而哥白尼的「日心說」，也因雷侯德等人的發明與發現，提供更充足的科學證據，使他理論的可信度一步步提高。到了20世紀愛因斯坦發明相對論，更進一步以科學方法證明他理論的確切無誤後，終於被梵蒂岡天主教教廷認可，相傳一千多年錯誤的宇宙觀，這才總算被修正過來。

　　綜觀哥白尼對人類的貢獻，一是徹底改變了人類對宇宙的認識，了解到地球其實並不在宇宙的中心，也不是恆久不動的。反之，它不但繞著自軸自轉，形成白天夜晚、一天二十四小時，同時也和其他星球一樣，繞著太陽公轉，形成春夏秋冬、一年三百六十五日。宇宙真正的中心，是眾星環繞的太陽。

　　二是促進了科學的發展，將它由神學中獨立出來，進而開啟

天文學邁向現代科學的探究大門。過去在中世紀，科學附屬於神學，宇宙萬物的各種現象，全以《聖經》的解釋為依據。若非哥白尼憑著他科學家求真求實的精神，大膽假設、小心求證，建立「太陽為宇宙中心」的正確宇宙觀，並寫下《天體運行論》傳世，或許人類至今仍滯留在以神學解釋科學的境地。

　　轉眼間哥白尼逝世至今已近五百年，在這四百多年裡，因為科學的日新月異，天文學的不斷精進，人類非但已經登上月球；火星探測船「精神號」和「機會號」登上火星；「卡西尼號」太空船進入土星軌道；水星探測太空船「信使號」亦已順利升空。人類到月球漫步、到火星探險，不再是痴人說夢；太空觀光、移民外星，也不再遙不可及。宇宙間神祕的面紗，已因科學的精益

求精、天文學的登峰造極，一一一
被揭開了。

　　而今，當我們享受這些天文
學甜美之果時，對引領人類走入
現代天文學境界的「現代天文學
之父」哥白尼，除心存感激與懷
念之外，他那種不盲從、不畏艱
難、堅持己見、實事求是的科學
家精神，更是我們應該學習的榜
樣。

哥白尼

小檔案

1473 年	出生在波蘭北部的托倫鎮。父親尼克拉斯是精明的商人，母親芭芭拉出身名門。
1483 年	父親因病去世，母親不久後也病故。舅舅路克斯負起教養哥白尼四姐弟的責任。
1489 年	舅舅路克斯被任命為瓦米亞教區的主教。
1491 年	高中畢業後進入克拉科大學就讀，主修數學。拜阿伯特·布拉教授為師，對天文學產生強烈的興趣。
1494 年	到義大利波隆那大學研讀教會法，為日後接任教士職位做準備。在波隆那大學結識著名天文學教授諾瓦拉，深受影響，並對托勒密的「地心說」產生懷疑。
1497 年	第一次觀測到星蝕現象。
1500 年	第一次觀測到月蝕。

1501 年	與哥哥安德魯斯返回瓦米亞教區。7 月，宣誓成為法朗堡的教士。同年前往義大利帕度亞大學習醫。
1503 年	轉往佛拉拉大學攻讀法學博士，並拿到生平第一張也是唯一的一張文憑。秋天回到波蘭，留在舅舅路克斯身邊擔任私人醫生。
1509 年	以拉丁文翻譯拜占庭時代希臘歷史學家辛摩卡塔所寫的《札記》一書出版，反應乏善可陳。
1510 年	完成第一本天文學小冊子《概論》，首次透露「太陽為宇宙中心」的想法。
1512 年	舅舅路克斯過世，返回法朗堡，選擇教堂內最高的樓塔為居所，在此觀測星象。
1515 年	開始撰寫《天體運行論》。
1516 年	受教皇指派治理奧森堡及平尼羅，三年後返回法朗堡繼續觀星工作。
1522 ～ 30 年	擔任一連串的教會行政主管工作。
1539 年	年輕的德國教授瑞提斯到法朗堡，向哥白尼討教天文學。

1540 年	瑞提斯出版介紹哥白尼天文理論的《天體運行摘要一》。
1542 年	瑞提斯將《天體運行論》的出版事宜委託給奧森德處理。
1543 年	《天體運行論》正式出版。5 月 24 日去世,安葬於法朗堡教堂內。

獻給孩子們的禮物

「世紀人物100」

訴說一百位中外人物的故事

是三民書局獻給孩子們最好的禮物！

- ◆ 不刻意美化、神化傳主，使「世紀人物」更易於親近。
- ◆ 嚴謹考證史實，傳遞最正確的資訊。
- ◆ 文字親切活潑，貼近孩子們的語言。
- ◆ 突破傳統的創作角度切入，讓孩子們認識不一樣的「世紀人物」。

我的蟲蟲寶貝

一套充滿哲思、友情與想像的故事書
展現希望、驚奇與樂趣的
『我的蟲蟲寶貝』！

想知道

迷糊可愛的毛毛蟲小靜，為什麼迫不及待的想「長大」？

沉著冷靜的螳螂小刀，如何解救大家脫離「怪傢伙」的魔爪？

膽小害羞的竹節蟲阿比，意外在陌生城市踏出「蛻變」的第一步？

老是自怨自艾的糞金龜牛弟，竟搖身一變成為意氣風發的「聖甲蟲」？

熱情莽撞的蒼蠅依依，怎麼領略簡單寧靜的「慢活」哲學呢？

國家圖書館出版品預行編目資料

現代天文學之父：哥白尼／趙夢蘭著;李詩鵬繪.－－
初版三刷.－－臺北市：三民，2010
面；　公分.－－(兒童文學叢書／世紀人物100)

ISBN 978-957-14-4413-0　(平裝)

1.哥白尼(Copernicus, Nicolaus, 1473-1543)－傳記
－通俗作品

784.448　　　　　　　　　　　　　　　94024011

© 現代天文學之父:哥白尼

著 作 人	趙夢蘭
主　　編	簡 宛
繪　　者	李詩鵬
發 行 人	劉振強
著作財產權人	三民書局股份有限公司
發 行 所	三民書局股份有限公司
	地址　臺北市復興北路386號
	電話　(02)25006600
	郵撥帳號　0009998-5
門 市 部	(復北店)臺北市復興北路386號
	(重南店)臺北市重慶南路一段61號
出版日期	初版一刷　2006年9月
	初版三刷　2010年1月
編　　號	S 781710

行政院新聞局登記證局版臺業字第○二○○號

有著作權・不准侵害

ISBN　978-957-14-4413-0　(平裝)

http://www.sanmin.com.tw　三民網路書店
※本書如有缺頁、破損或裝訂錯誤，請寄回本公司更換。